RÄTSEL DES TAGES

RÄTSEL DES TAGES

mvgverlag

Bibliografische Information der Deutschen Nationalbibliothek:
Die Deutsche Nationalbibliothek verzeichnet diese Publikation in der Deutschen Nationalbibliografie; detaillierte bibliografische Daten sind im Internet über http://d-nb.de abrufbar.

Für Fragen und Anregungen:
raetseldestages@mvg-verlag.de

1. Auflage 2013

Nymphenburger Straße 86
D-80636 München
Tel.: 089 651285-0
Fax: 089 652096

Herausgeber: Pulpmedia GmbH, Linz
Rätsel des Tages auf Facebook: https://www.facebook.com/raetseldestages
Umschlaggestaltung: Maria Wittek, München
Umschlagabbildung: Patrick Schmid, Pulpmedia GmbH
Innenabbildungen: Patrick Schmid, Pulpmedia GmbH
Satz: Georg Stadler, München
Druck: CPI – Ebner & Spiegel, Ulm
Printed in Germany

ISBN Print 978-3-86882-427-8
ISBN E-Book (PDF) 978-3-86415-434-8
ISBN E-Book (EPUB, Mobi) 978-3-86415-437-9

DAS GROSSE RÄTSELBUCH – JEDEN TAG MITRATEN!

Mehr als 100.000 Menschen gefällt die Facebook-Seite »Rätsel des Tages«. Jeden Tag versuchen Hunderte User, die knifflige Frage des Tages zu lösen. Von Bilderrätseln über Scherzfragen bis hin zur schwierigen Logikaufgabe ist hier alles zu finden. Mitunter führt das schon mal zu hitzigen Diskussionen, da unsere »Rätsler des Tages« ihre Lösungen mit Leidenschaft verteidigen.

Nach dem Erfolg unserer beiden Bücher *Nutella hat Lichtschutzfaktor 9,7 – Die volle Dosis unnützes Wissen* und *Die Freiheitsstatue hat Schuhgröße 1200 – Die neue Dosis unnützes Wissen*, die auf der Facebook-Seite »Unnützes Wissen« basierten, haben wir uns gedacht: Warum nicht auch das »Rätsel des Tages«? Nun liegen die besten Rätsel in Buchform vor. Ein ganzes Jahr seid ihr damit täglich mit einem Rätsel versorgt. Die Lösungen werden natürlich mitgeliefert – aber gebt nicht zu schnell auf!

Wir möchten uns bei allen Fans von »Rätsel des Tages« ganz herzlich fürs Mitmachen und ihre Leidenschaft fürs Rätsellösen bedanken. Ein ganz besonderes Dankeschön außerdem an all jene, die Rätsel eingesendet und damit entscheidend zum Gelingen dieses Buchs beigetragen haben.

Und damit: **Viel Spaß beim Rätseln**!

Das »Rätsel des Tages«-Team

http://bit.ly/14lAk4B

365 RÄTSEL DES TAGES

1. Wenn du erst einmal am Boden liegst, werde ICH dir bestimmt nicht aufhelfen. Du siehst das Werk meiner Arbeit, doch mich wirst du nie zu Gesicht bekommen. Man kann sich mir nicht widersetzen, ich bin überall und man kennt mich schon länger als meine drei Verwandten. Wer bin ich?

2. OTTFFSSENT – wofür steht diese Buchstabenreihe und wie setzt sie sich fort?

3. Sigrid und Nadja kaufen Schokoriegel. Sigrid sagt: »Wenn ich die Hälfte meines Geldes zu deinem hinzufüge, haben wir genug, um 2 Riegel zu kaufen.« Daraufhin meint Nadja: »Und wenn ich die Hälfte meines Geldes zu deinem hinzufüge, können wir uns nur einen leisten.« Wie geht das?

4. Alois und Bert joggen jeden Tag um einen kleinen See. Alois benötigt für eine Umrundung 12 Minuten, Bert nur 8 Minuten. Nach wie vielen Minuten wird Alois von Bert überrundet?

5. Streichen Sie von folgender Buchstabenfolge zehn Buchstaben so, dass ein Pflanzenname übrig bleibt:
   E Z I E N H P N F B L U A C N H Z S E T N A N B A E M N E

6. Sie ist streng hierarchisch angelegt, besitzt einen Körper und hat mehrere Glieder. Sie kann weiterführen und sorgt für Erkenntnisse. Sie ist in Gruppen eingeteilt und oft sehr unbeliebt, endet aber irgendwann. Wovon ist die Rede?

7. Welches Wort passt nicht dazu? Was ist das Ausschlusskriterium?
   Pferd – Kuh – Schwein – Hirsch

8. Der gesuchte Begriff ist nicht sichtbar. Es ist etwas, das sich erst herausbilden muss und sehr individuell ist. Es kann gut oder auch schlecht sein, kann quälen oder beruhigen. Außerdem kann es entscheiden und man kann ihm folgen.

9.

L = ig

Bei einem Wörterdrudel werden mittels Buchstaben, Wörtern und Symbolen bestimmte Begriffe, Redewendungen oder Sprichwörter dargestellt. Was ist hier gemeint?

10.

Auch	Bes	blin	En	en	ein
ein	de		ser	des	ne
ken	ein	Korn	oh	En	Schreck
Ab	mal	als	mit	Tee	Hu
en	in	fin	den	ein	de
det	war	Schreck	dr	hn	und

Auf dem Schachbrett sind Wortschnipsel angeordnet. Diese wurden so positioniert, wie auch das Pferd beziehungsweise der Springer beim Schach ziehen kann (zwei Felder vor und eines zur Seite). Insgesamt lassen sich drei Sätze zusammensetzen.

11.

Welcher Film wird hier dargestellt?

Tipp: Der Titel besteht aus drei Onomatopoetika (google das Wort ;).

12. Zwei Freunde haben einen 8-Liter-Eimer mit Sangria und wollen diesen gerecht teilen. Es stehen ihnen jedoch nur ein 3- und ein 5-Liter-Krug zur Verfügung. Wie können die beiden sich helfen?

13. Welches Wort passt nicht dazu? Was ist das Ausschlusskriterium?
Nadel - Säge - Messer - Schere

14. Ein Mann kauft ein Pferd für 60 Euro. Nach einem Jahr verkauft er es für 70 Euro. Aber schon nach einigen Tagen bedauert er den Verkauf, und er kauft sein Pferd zurück. Leider kostet ihn das 80 Euro, also erleidet er einen Verlust von 10 Euro. Ein Jahr später beschließt er, das Pferd endgültig zu verkaufen, für 90 Euro. Wie viel Gewinn hat er gemacht?

15. In einer Scheune mit zahlreichen Gänsen unter Schweinen kann man 32 Köpfe und 100 Beine zählen. Wie viele Gänse und wie viele Schweine sind in der Scheune?

16. Beim sogenannten Einstein-Rätsel müssen den Personen oder Objekten die jeweiligen Gegenstände, Eigenschaften und/oder Ereignisse zugeordnet werden. Das erste dieser Art von Rätsel wird Albert Einstein zugeschrieben, der angeblich behauptet hat, dass nur 2 Prozent der Bevölkerung in der Lage wären, dieser Art von Rätsel zu lösen. Mit unserem Lösungsbogen (im Lösungsteil) lässt sich das Rätsel bestimmt lösen.

Einstein-Rätsel: Bleigießen
6 Personen haben an Silvester Bleigießen gespielt. Können Sie herausfinden, welche Person welche Figur gegossen hat, was sie im neuen Jahr erwartet und welches Ereignis ihr widerfahren ist? Hier ein paar Hinweise:

- Sigrid löschte die Kerze beim Erhitzen des Bleis und goss anschließend eine Blume.
- Die Person, die den Adler gegossen hat, wird im nächsten Jahr Erfolg im Berufsleben haben.
- Emma, die keine Glocke goss, verbrannte sich die Finger, als sie zu nahe an die Kerze kam.

- Die Person, die den Vogel gegossen hat, hat beim Versuch, ihn aus der Schüssel zu nehmen, diese umgeworfen.
- Nadja hat ein Schwein gegossen.
- Die Person, die das Tischtuch vollgekleckert hat, wird im nächsten Jahr viel Glück im Spiel haben.
- Viktoria, der bei ihrem Versuch der Löffel aus der Hand glitt, wird im neuen Jahr eine Erbschaft antreten.
- Beate wird im nächsten Jahr sehr viel Glück haben.
- Julia konnte bei ihrer ersten Figur nichts erkennen und goss beim zweiten Versuch dann einen Degen. Sie wird im neuen Jahr keine neuen Freundschaften knüpfen.

17. Armin kauft zwei Bustickets. Aus Spaß addiert er die sechs Ziffern der beiden Ticketnummern und teilt seinem Mitreisenden mit, dass die Ziffernsumme 21 ist. Dieser fragt, ob eine der beiden Ziffernsummen 11 ist. Als Armin dies verneint, weiß sein Freund die beiden Zahlen. Wie lauten die Ticketnummern?

18. Zwei Männer spielen in einem Lokal Schach. Sie machen fünf Spiele. Kein Spiel geht unentschieden aus, und jeder gewinnt gleich viele Spiele. Wie ist das möglich?

19. Vorausgesetzt, Österreich hat mehr Einwohner als jeder beliebige Einwohner Haare auf dem Kopf und kein Einwohner ist völlig kahl, folgt daraus zwingend, dass mindestens zwei Einwohner genau die gleiche Anzahl von Haaren haben müssen?

20. Angenommen, ich bin Großvater und mein Enkel ist, gemessen in Tagen, so alt wie mein Sohn in Wochen. Mein Enkel ist außerdem in Monaten so alt wie ich in Jahren. Zusammen sind mein Enkel, mein Sohn und ich 140 Jahre alt. Wie alt bin ich?

21. Welches Prinzip steckt hinter dieser Zahlenreihe?
2, 10, 4, 7, 6, 9, 5, 1, 3, 8

22.

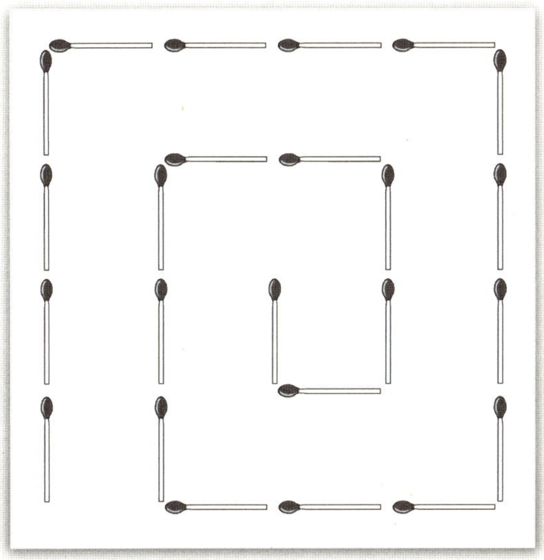

Lege vier Streichhölzer so um, dass drei Quadrate entstehen.

23.

Bei einem Wörterdrudel werden mittels Buchstaben, Wörtern und Symbolen bestimmte Begriffe, Redewendungen oder Sprichwörter dargestellt. Was ist hier gemeint?

24.

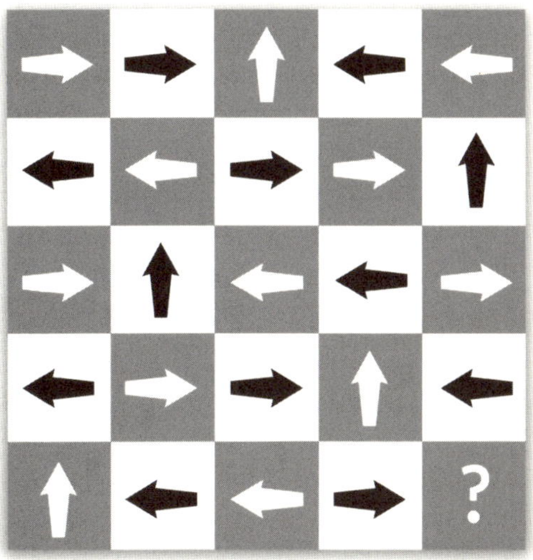

In welche Richtung muss der fehlende Pfeil zeigen?
Dazu musst du erst herausfinden, nach welcher
Logik die Pfeile angeordnet sind.

25.

en	du	an	nd	In	cht
soll	al	Freud	Na	des	Bu
wei	der	st	au	si	der
su	chen	le	en	chen	ist
Katz	chen	chen	st	gr	ein
Ei	du	en	Des	Leid	Soll

Auf dem Schachbrett sind Wortschnipsel angeordnet.
Diese wurden so positioniert, wie auch das Pferd
beziehungsweise der Springer beim Schach ziehen
kann (zwei Felder vor und eines zur Seite).
Insgesamt lassen sich drei
Sätze zusammensetzen.

26.

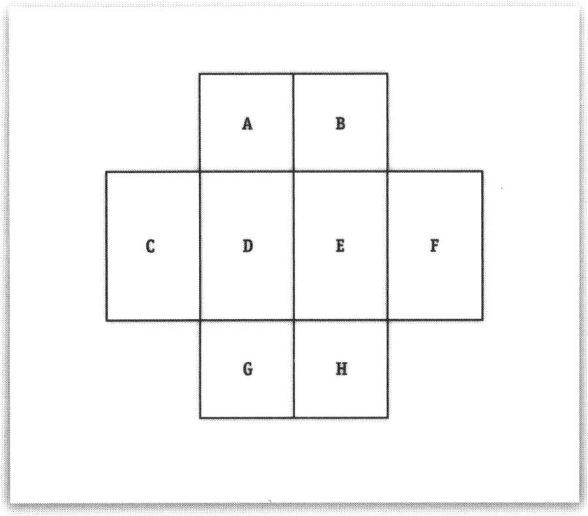

Versuche den Buchstaben der acht Felder Zahlenwerte von eins bis acht zuzuordnen. Dabei dürfen sich Felder mit aufeinanderfolgenden Zahlen nicht berühren (auch nicht diagonal). Um die Antwort zu erleichtern, sind die einzelnen Felder mit Buchstaben gekennzeichnet.

27. Bauer A und Bauer B verkaufen am Tag je 30 Eier. Bauer A verlangt für 3 Stück 1 Euro. Bauer B verlangt für 2 Stück 1 Euro. Weil Bauer A heute keine Zeit hat, bittet er Bauer B, seine Eier für ihn zu verkaufen. Bauer B verkauft nun 5 Stück für 2 Euro. Am Ende des Tages hat Bauer B alle 60 Eier verkauft und 24 Euro eingenommen. Normalerweise nimmt Bauer A 10 Euro und Bauer B 15 Euro ein. Wo also ist der eine fehlende Euro des heutigen Tages hin?

28. Auf einen kreisförmigen Bierdeckel mit einem Durchmesser von 10 Zentimetern ist Ketchup getropft und hat direkt am Rand einen runden Fleck mit einem Durchmesser von 4 Millimetern hinterlassen. Der Bierdeckel soll nun in möglichst wenige Teile zerschnitten werden, die man anschließend wieder zu einem Kreis zusammenfügen kann, wobei jedoch dann der Ketchupfleck genau in der Mitte des Deckels sitzt. Wie müssen die Schnitte verlaufen?

29. Mein Leben wird in der Regel in Stunden gemessen,
Ich diene, indem ich mich verflüchtige.
Bin ich dünn, so geht dies schnell,
bin ich dick, geht dies langsam.
Der Wind ist meine Rettung.

30. Was verbirgt sich hinter dieser Zahlenfolge: 48 51 30 02 17 40?

31. Martina, Heinz und Elsa haben sich entschieden, jeden Morgen gemeinsam etwas für ihre Fitness zu tun, und veranstalten aus diesem Grund jedes Mal einen kleinen Wettlauf. In den vergangenen 30 Tagen lief Martina öfter vor Heinz durchs Ziel, und Heinz lief öfter vor Elsa durchs Ziel. Ist es möglich, dass Elsa öfter vor Martina durchs Ziel lief?

32. Wie kann man mit einer 5-Minuten-Sanduhr und einer 7-Minuten-Sanduhr genau 13 Minuten stoppen?

33.

Kann das abgebildete Kreuz mit lediglich zwei geraden Schnitten so zerschnitten werden, dass die dabei entstehenden Teile zu einem Quadrat geformt werden können? Wenn ja, wie?

34.

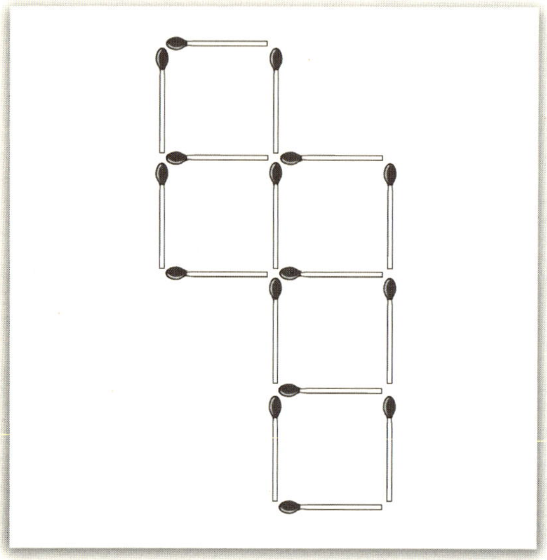

Durch Umlegen von zwei Streichhölzern sollen vier gleich große Quadrate übrig bleiben.

35.

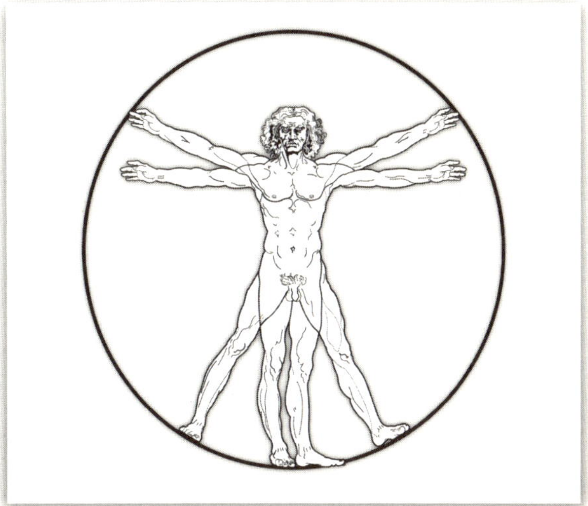

Welcher Film wird hier dargestellt?

Tipp: Autopsie

36.

Welcher Film wird hier dargestellt?

Tipp: mit Daniel Brühl

37. Auf einem Schachbrett mit 5x5 Feldern steht auf jedem Feld ein Springer. Jede der 25 Figuren soll nun gleichzeitig gezogen werden und danach soll wieder auf jedem Feld ein Springer stehen. Wie müssen die einzelnen Züge aussehen? Wie viele verschiedene Möglichkeiten gibt es? (Es sind nur die beim Schach gültigen Springerzüge erlaubt.)

38. Streiche von folgender Buchstabenfolge zwölf Buchstaben weg, sodass ein Sportgerät übrig bleibt:
G A T O R A K M I P F M O E L P P I E N A

39. Wenn du vorwärts mich beherrschst, darfst du fröhlich lachen; rückwärts kann dir alles sein, was die Gegner machen.

40. In einer Schachtel liegen 66 verschiedenfarbige Knöpfe. Es sind doppelt so viele weiße wie grüne, ein blauer weniger als grüne und sieben rote mehr als grüne. Wie viele Knöpfe von jeder Farbe sind in der Schachtel?

41. Von einem gewöhnlichen Schachbrett werden die zwei gegenüberliegenden Eckfelder weggeschnitten. Es bleiben also 62 Felder übrig. Aufgabe ist es nun, diese mit 31 Dominosteinen vollständig zu bedecken, wobei ein Dominostein immer zwei Felder bedeckt. Wie viele verschiedene Möglichkeiten gibt es?

42. Nach einer Sauftour findet ein Mann ein Geldstück auf dem Fußweg und hebt es auf. Obwohl weder Mond noch Sterne am Himmel waren und auch keine Straßenbeleuchtung an war, hatte er das Geldstück schon von Weitem gesehen. Wie ist das möglich?

43. Warum fahren Täglich Tausende Touristen in New York mit der Fähre nach Staten Island, um dort sogleich wieder den Rückweg anzutreten?

44. Ein Bücherwurm frisst sich durch eine dreibändige Enzyklopädie, die in der Stadtbibliothek ordnungsgemäß im Regal steht. Der erste Band misst eine Dicke von 11 cm, der zweite Band 13 cm und der dritte Band 8 cm. Hinzu kommen noch die Bücherdeckel von jeweils 0,3 cm. Für 10 cm Seiten benötigt der Wurm genau 35 Minuten. Einen Buchdeckel hat der Wurm in 5 Minuten durchbohrt. Wie lange benötigt der Bücherwurm, um sich von der ersten Seite des Bandes 1 bis zur letzten Seite von Band 3 zu fressen?

45. Ein Rennfahrer hat die Aufgabe, zwei Runden einer Rennstrecke zu fahren. Dabei soll er am Ende eine Durchschnittsgeschwindigkeit von 60 Kilometer pro Stunde erreichen. Wenn er die erste Runde mit durchschnittlich 30 Kilometer pro Stunde fährt, wie schnell muss er dann in der zweiten Runde fahren?

46. Sigrid und Evelyn spielen ein faires Spiel, das heißt, die Gewinnchance liegt für beide bei 50 Prozent. Ihr Einsatz beträgt je 100 Euro. Gewinner ist, wer zuerst vier Spiele gewonnen hat. Nach fünf Spielen steht es 3:2 für Sigrid. Sie müssen leider vorzeitig abbrechen, deshalb schlägt Evelyn vor, das Geld im Verhältnis 3:2 zugunsten von Sigrid aufzuteilen. Sigrid ist damit jedoch nicht einverstanden. Warum?

47. Frau Rot, Frau Weiß und Frau Grün treffen sich. Eine der Damen stellt fest: »Das ist aber merkwürdig, eine von uns trägt eine rote, eine andere eine weiße und die Dritte eine grüne Bluse.« »Das ist wirklich erstaunlich«, meint die Dame mit der roten Bluse, »denn keine trägt die Bluse, die ihrem Namen entspricht.« »Das stimmt«, ergänzt Frau Weiß. Welche Dame trägt welche Bluse?

48. Welches mathematische Symbol muss zwischen die beiden Ziffern 2 und 3 gesetzt werden, sodass das Ergebnis größer ist als 2, aber kleiner ist als 3?

49. Wie lauten die nächsten zwei Ziffern dieser Zahlenreihe: 3369927128?

50.

schön

kB MB GB mm cm m km t sec min h °C F K

Bei einem Wörterdrudel werden mittels Buchstaben, Wörtern und Symbolen bestimmte Begriffe, Redewendungen oder Sprichwörter dargestellt. Was ist hier gemeint?

51.

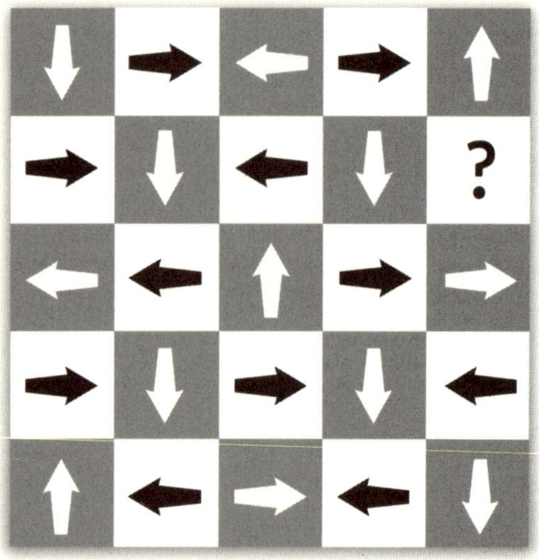

In welche Richtung muss der fehlende Pfeil zeigen?
Dazu musst du erst herausfinden, nach welcher
Logik die Pfeile angeordnet sind.

52.

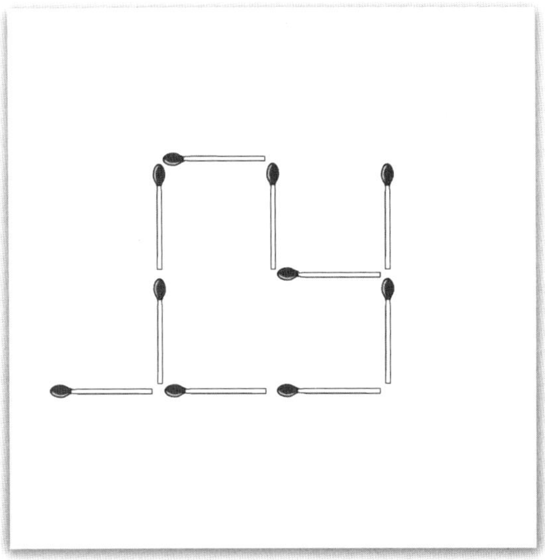

Wie viele Streichhölzer müssen mindestens umgelegt werden, um drei Quadrate zu erhalten?

53. Maxi bekommt von seiner Mutter 20 Euro, um Kuchen zu kaufen. Er gibt das gesamte Geld für drei Sorten aus. Von Sorte A kostet das Stück € 1,20, von Sorte B € 1,40 und von Sorte C € 1,70. »Wie viele Stücke hast du gekauft?«, fragt die Mutter. Maxi nennt die Gesamtzahl und die Mutter beginnt zu rechnen. Sie stutzt und fragt noch mal: »Hast du von einer Sorte eine ungerade Zahl gekauft?« Maxi verneint und damit ist klar, wie viele Stücke von jedem Kuchen da sind.

54. Welches Wort passt nicht dazu? Was ist das Ausschlusskriterium?
kalt - gefroren - flüssig - siedend

55. Ein Bauer verkauft Melonen am Marktstand. Am Vormittag verkauft er die Hälfte seines Bestandes. Zu Mittag verkauft er nur eine halbe Melone. Abends geht er mit genau einer Melone nach Hause. Wie viele Melonen brachte der Bauer früh am Morgen zum Marktstand?

56. Nach welcher Logik wurden die beiden Gruppen gebildet und warum fehlt die Zahl 6?
A: 1,2,3,4,5,7,8,9,10,11,13,14,15,16,17,19
B: 12,18,20

57. Auf einem Jahrmarkt sagt ein alter Mann zu einem Jungen: »Wenn ich dein genaues Gewicht auf diesen Zettel schreibe, musst du mir 50 Euro geben; wenn ich das nicht kann, werde ich dir 50 Euro geben.« Der Junge blickt sich um - keine Waage in Sicht. Er stimmt zu - auch wenn der alte Mann sein Gewicht errät, kann er immer noch sagen, er sei schwerer oder leichter. Im Endeffekt muss der Junge die 50 Euro bezahlen. Warum?

58. Du spielst mit einer grimmigen Gestalt russisches Roulette. Der Revolver hat sechs Kammern, wobei zwei aufeinanderfolgende Kammern mit Patronen geladen sind. Dein Kontrahent beginnt, es fällt kein Schuss. Sollst du nun die Revolverkammer erneut drehen oder gleich abdrücken? Mit welcher Variante erhöhst du deine Überlebenschance?

59.

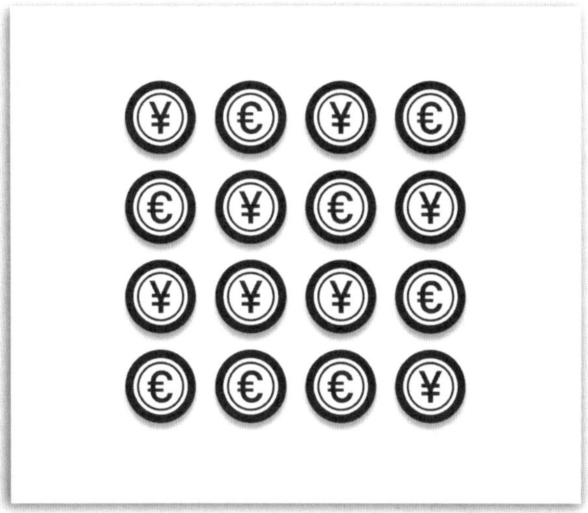

Ordne mit so wenigen Zügen wie möglich die Münzen so an, dass anschließend in jeder Spalte entweder nur Euro- oder Yen-Münzen sind. Ein Zug entspricht dem Vertauschen von zwei beliebigen Münzen.

60.

Lärm	Lärm	Lärm
Lärm	Lärm	Lärm
Lärm	Lärm	Lärm
Lärm	nichts	Lärm
Lärm	Lärm	Lärm
Lärm	Lärm	Lärm
Lärm	Lärm	Lärm

Bei einem Wörterdrudel werden mittels Buchstaben, Wörtern und Symbolen bestimmte Begriffe, Redewendungen oder Sprichwörter dargestellt. Was ist hier gemeint?

61.

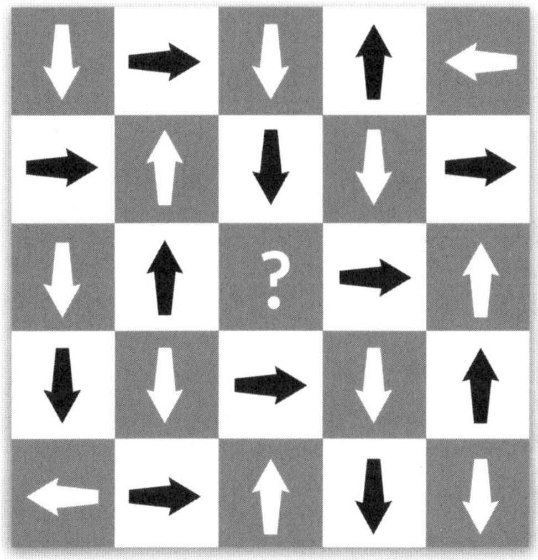

In welche Richtung muss der fehlende Pfeil zeigen?
Dazu musst du erst herausfinden, nach welcher
Logik die Pfeile angeordnet sind.

62. Gesucht wird eine dreistellige Zahl, deren Einerstelle gleich dem Produkt der beiden anderen Ziffern ist, welche im Übrigen Primzahlen sind. Subtrahiert man die gesuchte Zahl von jener Zahl, die sich ergibt, wenn man die gesuchte Zahl rückwärts liest, bekommt man als Ergebnis die Zahl 396. Wie lautet die Ziffernsumme der gesuchten Zahl?

63. Welches Wort passt nicht dazu? Was ist das Ausschlusskriterium?
Unehrlich – ungehobelt – unhöflich – ungezogen

64. Eine Frau nannte ihre Kinder Dominik, Regina, Michaela, Fabian und Sophie. Wie wird sie ihr nächstes Kind nennen? Lara, Kathrin, Antonia oder Janine?

65. Welcher der angegebenen Buchstaben fehlt, um aus der Buchstabenreihe ein Wort zu bilden? Wie heißt das Wort?
1.: G 2.: T 3.: I 4.: F 5.: S
H H I C C T T U

66. Aus den Ziffern 0,1,2,3,4,5,6,7,8,9 sollen zwei ganze, positive Zahlen gebildet werden, deren Differenz so gering ist wie möglich. Welche beiden Zahlen sind das?

67. Wie setzt sich diese Buchstabenreihe fort: JA, SO, ND, JF, XX, XX?

68. Loch an Loch und hält doch! Was ist das?

69. Der fünfjährige Paul ist 1,10 Meter groß. Er markiert diese Höhe im Apfelbaum im Garten. Heute ist Paul 20 Jahre alt. Angenommen, der Baum wächst 5 Zentimeter pro Jahr, in welcher Höhe ist die Markierung heute?

70. Was ist sauber vor und schmutzig nach dem Waschen?

71. Welches Wort passt nicht dazu? Was ist das Ausschlusskriterium?
Tarif – Algebra – Karaffe – Ganove

72.

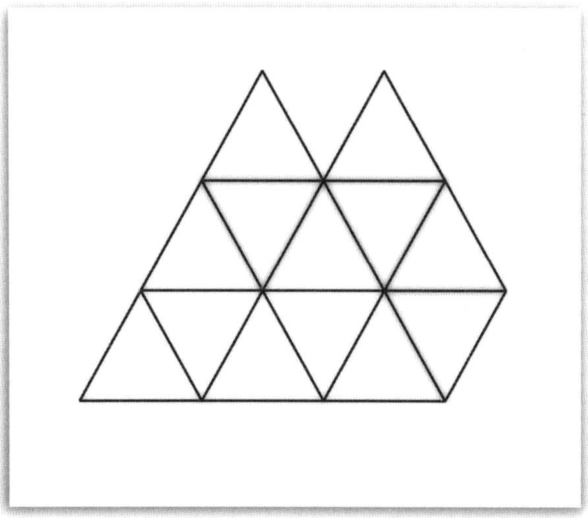

Zerschneide die Figur in 3 Teile, sodass diese sich zu einem gleichseitigen Dreieck zusammenlegen lassen. Die Teile dürfen sich dabei weder überlappen noch dürfen Lücken entstehen.

73.

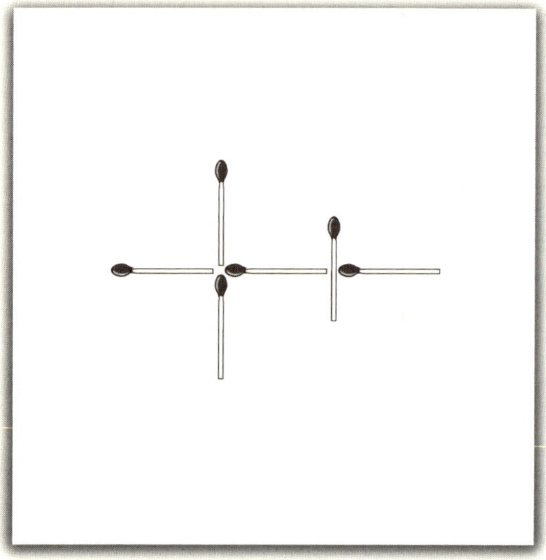

Wie viele Streichhölzer müssen mindestens umgelegt werden, um zwei Vierecke zu erhalten?

74. Was erscheint einmal in einer Minute, dreimal in einem Moment und niemals in tausend Jahren?

75. Der Gartenzwerg des Vaters von Amélie (aus Die *fabelhafte Welt der Amélie – Le fabuleux destin d'Amélie Poulain*) ist wieder einmal auf Weltreise. Zuletzt wurde er in den folgenden Städten gesichtet: Helsinki, Melbourne, Rom, Tokio, Mexico City, München. Welche Stadt wird der Gartenzwerg als Nächstes besuchen?

76. Als der Erhängte gefunden wird, baumelt er drei Meter über dem klatschnassen Boden. Im ganzen Raum (circa 4 mal 4 Meter, der Tote hängt in der Mitte des Raums) ist kein Möbelstück, kein Fenster und nur eine Tür, die von innen verschlossen war. Wie starb der Mann?

77. Ein Bauer steht auf einem Feld, da kommt ein Pferd und der Bauer ist plötzlich spurlos verschwunden. Was ist mit dem Bauern passiert?

78. Du bist Teilnehmer einer Game-Show und hast die Möglichkeit, 1.000.000 Euro zu gewinnen. Vor dir befinden sich drei Hüte, auf denen jeweils zwei Aussagen geschrieben sind. Unter einem der Hüte liegt das Preisgeld. Folgendes ist dir bekannt: Die Aussagen auf einem Hut sind beide wahr, auf einem anderen Hut sind beide falsch und auf dem dritten Hut ist eine Aussage wahr und die andere falsch. Hut 1: Erste Aussage: Das Preisgeld ist nicht unter diesem Hut. Zweite Aussage: Das Preisgeld befindet sich unter Hut 2. Hut 2: Erste Aussage: Das Preisgeld ist unter Hut 1. Zweite Aussage: Das Preisgeld ist unter Hut 3. Hut 3: Erste Aussage: Das Preisgeld ist nicht unter diesem Hut. Zweite Aussage: Das Preisgeld ist unter Hut 1. Unter welchem Hut befindet sich das Preisgeld?

79. Was bin ich? Bei den Sängern guter Art rühmt man meine Milde. Werd ich in der Mitte hart, braus ich durchs Gefilde.

80. Wie setzt sich diese Reihe fort: N NNO NO ONO O …?

81.

schaft	zur	ist	ne	ke	ze
le	ei	Der	hat	mit	Ge
Weg	Freund	bläh	schen	Mün	er
Kl	en	ten	pflas	zwei	gut
die	dert	Vor	ten	hal	de
sätz		ge	Je	en	Sei

Auf dem Schachbrett sind Wortschnipsel angeordnet. Diese wurden so positioniert, wie auch das Pferd beziehungsweise der Springer beim Schach ziehen kann (zwei Felder vor und eines zur Seite). Insgesamt lassen sich drei Sätze zusammensetzen.

82.

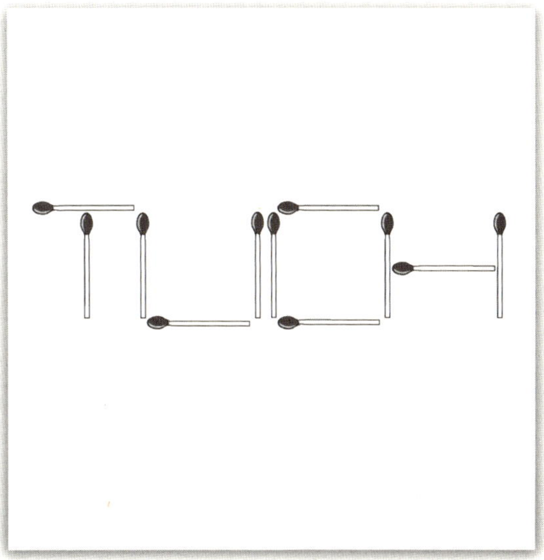

Die einzelnen Streichhölzer formen Buchstaben, die, von links nach rechts gelesen, das Wort TUCH ergeben. Lege nun zwei Streichhölzer so um, dass das Wort „TUCH“ auch von der rechten Seite beginnend gelesen werden kann.

83.

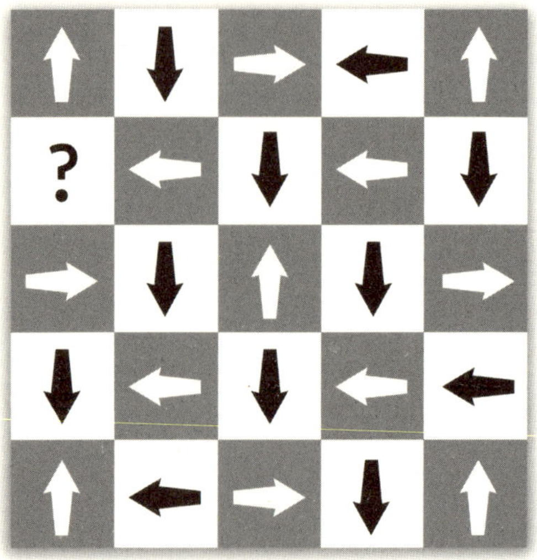

In welche Richtung muss der fehlende Pfeil zeigen?
Dazu musst du erst herausfinden, nach welcher
Logik die Pfeile angeordnet sind.

84. Zwei Männer spielen Tennis. Sie spielen fünf Sätze und jeder gewinnt drei. Wie ist das möglich?

85. Zwei Löcher hab ich, zwei Finger brauch ich. So mach ich Langes und Großes klein und trenne, was nicht beisammen soll sein.

86. Am Ende eines aus einer Runde bestehenden Jeder-gegen-jeden-Schachturniers ergab sich die Siegerliste in folgender Reihenfolge: 1. Anton 2. Björn 3. Carl 4. Daniel und 5. Erwin. Björn ist der Einzige ohne Verlustpartie; Erwin der Einzige, der nie gewonnen hat. Wer spielte wie gegen wen, wenn alle Spieler unterschiedlich viele Punkte erreicht haben? Ein Sieg zählt 1 Punkt, ein Remis einen halben Punkt und ein Verlust 0 Punkte.

87. Ein Fisch kostet 7 Euro, ein Huhn 5 Euro, eine Leberpastete 0,50 Euro. Du sollst mit 100 Euro genau 100 dieser Lebensmittel einkaufen. Von jedem soll mindestens eines im Einkaufskorb landen.

88. Drei Spielkarten liegen in einer Reihe. Eine Zwei liegt rechts von einem König. Ein Karo liegt links von einem Pik. Ein Ass liegt links von einem Herz. Wie lauten die drei Karten?

89. Anton Albertsons Jugend dauerte ein Sechstel seines Lebens. Er ließ sich nach einem weiteren Zwölftel einen Bart wachsen. Nach einem weiteren Siebtel seines Lebens heiratete Albertson. Fünf Jahre später bekamen er und seine Frau einen Sohn. Der Sohn lebte genau halb so lange wie sein Vater. Anton starb vier Jahre nach seinem Sohn. Wie alt wurde Anton Albertson?

90. An einem Seil, das über eine Rolle läuft, ist an dem einen Ende eine Bananenstaude festgemacht. Das andere Seilende wird von einem Affen mit seinem gesamten Körpergewicht im Gleichgewicht gehalten. Was passiert, wenn der Affe auf die Idee kommt, an dem Seil hinaufzuklettern (sowohl Seil als auch Rolle laufen reibungsfrei)?

91.

Wie viele Busse bringen die
dritte Waage ins Gleichgewicht?

92. Ein Schachspieler fragt sich, ob er sämtliche Karamellen einer Toffifee-Packung (hier: vier mal fünf Stück) aufessen kann, indem er immer nur das Stück isst, das durch einen Springer-Zug vom letzten aus erreichbar ist. Er kann dabei an jeder beliebigen Stelle beginnen.

93. Ich habe ein Puzzle bekommen, das gleich viele Innen- wie Randteile hat. Wie viele Teile könnte es haben beziehungsweise in welchem Verhältnis stehen die Seiten zueinander?

94. Einstein-Rätsel: Cocktailbar

- Der Cocktail, der in der Disco bestellt wurde, war mit Früchten dekoriert und sah sehr lecker aus.
- Der Cocktail mit der Palme wurde von einer Person getrunken, die sich zuvor einen Film im Fernsehen angesehen hatte.
- Sigi las ihre E-Mails, während sie einen Cocktail genoss.
- Franziska löste angestrengt ihr Kreuzworträtsel und trank dazu einen Caipirinha.
- Paul trank einen Cocktail, der mit Blättern dekoriert war. Er war ein wenig enttäuscht, als er feststellte, dass er nicht den georderten Mojito bekam.
- Der Cocktail, den Helene trank, als sie mit ihren Bastelarbeiten fertig war, war nicht mit einem Strohhalm dekoriert.
- Die Person, die ihren Cocktail an der Hotelbar genoss, war sehr in ihren spannenden Krimi vertieft.
- Stefan trank seinen Cocktail im Restaurant.
- Der Cuba Libre wurde in einer gemütlichen Bar getrunken.
- Der Margarita wurde mit einem bunten Schirmchen dekoriert.

95. Welcher der angegebenen Buchstaben fehlt, um aus der Buchstabenreihe ein Wort zu bilden? Wie heißt das Wort? Diese Buchstaben stehen zur Auswahl.
1.: R 2.: I 3.: L 4.: H 5.: S G L A A E R L E H

96.

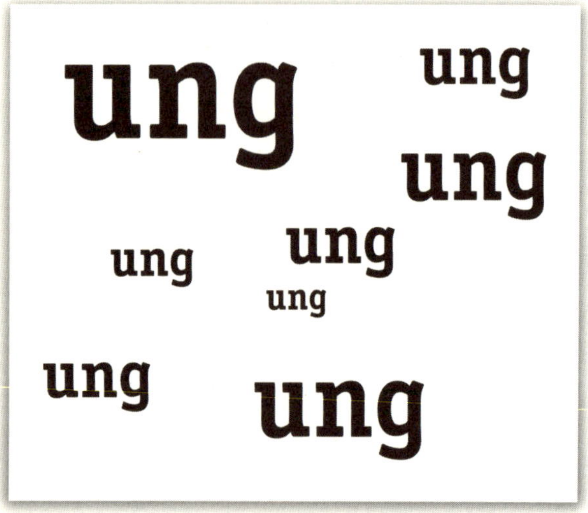

Bei einem Wörterdrudel werden mittels Buchstaben, Wörtern und Symbolen bestimmte Begriffe, Redewendungen oder Sprichwörter dargestellt. Was ist hier gemeint?

97.

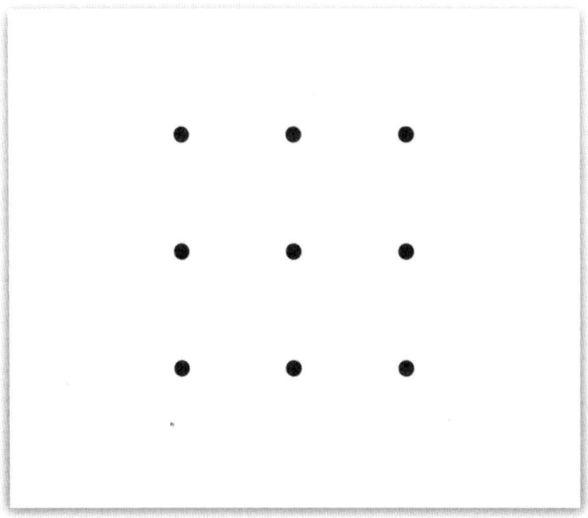

Verbinde diese neun Punkte mit vier geraden
Linien, ohne den Stift einmal abzusetzen.

98. Einstein-Rätsel: Flughafen

- Die Person, welche eine Blumenkette trug, flog am Sonntag.
- Die Person mit der Sonnenbrille hatte unerlaubte Flüssigkeiten in ihrem Handgepäck.
- Dies geschah nicht am Montag.
- Der Turban wurde von einer Frau getragen, allerdings nicht von Sue.
- Sue flog am Freitag ab und verlor leider ihr Gepäck beim Hinflug.
- Nicky flog einen Tag nach Marc, der zusammen mit seinem Lebensgefährten von Gate 13 flog.
- Der Flug von Gate 8 wurde am Sonntag genommen.
- Die Person mit dem Strohhut flog von Gate 15 nach Dschibuti.
- Eine Person bei Gate 11 hatte Übergepäck und musste deswegen nachzahlen.
- Stephanie flog einen Tag nachdem eine Person den Flug verpasst hatte.
- Die Person mit dem Schal führte ein verdächtiges Gepäckstück mit sich. Sie musste zur Flughafenpolizei, um dies zu kontrollieren

99. Was bin ich? Es gibt mich in verschiedenen Formen und Größen. Ich habe Ecken und Kanten, aber auch schöne Rundungen. Du kannst mich überall hingeben, aber nur an einen Ort gehöre ich.

100. Ich habe 100 Münzen in meiner Brieftasche. Wie viele davon benötige ich mindestens, wenn ich sie vor mir auf dem Tisch so positionieren will, dass jede dieser Münzen genau drei andere Münzen berührt?

101. Auf dem Tisch stehen zwei Gläser mit je einem Liter Flüssigkeit. Man nehme einen Esslöffel von Glas A und gebe ihn zu Glas B, rühre in B um und gebe dann einen Löffel von Glas B in Glas A. Ist jetzt mehr Flüssigkeit A in Flüssigkeit B oder umgekehrt?

102. Ein Löwe, ein Gepard und eine Hyäne fressen gemeinsam ein Zebra. Der Löwe würde es alleine in einer Stunde auffressen, der Gepard bräuchte dafür drei Stunden und die Hyäne sechs. Wie lange brauchen die drei gemeinsam?

103.

Welcher Film wird hier dargestellt?

Tipp: Stanford-Prison-Experiment

104.

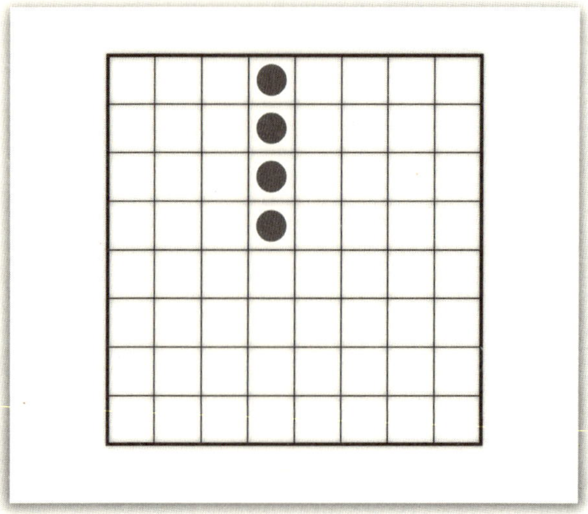

4 Söhne erben ein Grundstück, auf dem vier Bäume stehen. Das abgebildete Feld soll nun so aufgeteilt werden, dass jeder Sohn ein FORMGLEICHES Grundstück erhält, mit je einem Baum darauf. Wie muss das Feld geteilt werden?

105. Welches Wort passt nicht dazu? Was ist das Ausschlusskriterium?
Ausgang – Treppe – Weg – Straße

106. Was ist groß wie ein Haus, klein wie eine Maus, stachlig wie ein Igel und doch glatt wie ein Spiegel?

107. Dieser Satz enthält ?-mal die 0; ?-mal die 1; ?-mal die 2; ?-mal die 3; ?-mal die 4; ?-mal die 5; ?-mal die 6; ?-mal die 7; ?-mal die 8; ?-mal die 9. Ersetze nun die Fragezeichen durch Zahlen, um zu einer wahren Aussage zu gelangen. (Die Ziffern einer mehrstelligen Zahl werden einzeln gezählt.)

108. Eine Raupe klettert bei Tageslicht eine senkrechte Mauer in der Geschwindigkeit von einem Fuß pro Stunde empor. In der Dunkelheit schläft sie und rutscht währenddessen wieder einen halben Fuß pro Stunde abwärts. Die Wand ist 48 Fuß hoch. Wie lange braucht sie bei 12 Stunden Tageslicht bis ganz nach oben?

109. Peter und Andi werfen Münzen. Bei Kopf gewinnt Peter 2 Euro und bei Zahl gewinnt Andi 3 Euro. Nach 20 Würfen steigt niemand der beiden mit einem Gewinn aus. Wie oft war »Kopf« das Ergebnis des Münzenwurfs?

110. Wie lauten die ersten 4 Zahlen dieser Reihe und wie setzt sie sich fort?

1. ?
2. ?
3. ?
4. ?
5. 55
6. 144
7. 377
8. 987
9. 2584
10. 6765
11. ?
12. ?
13. ?

111.

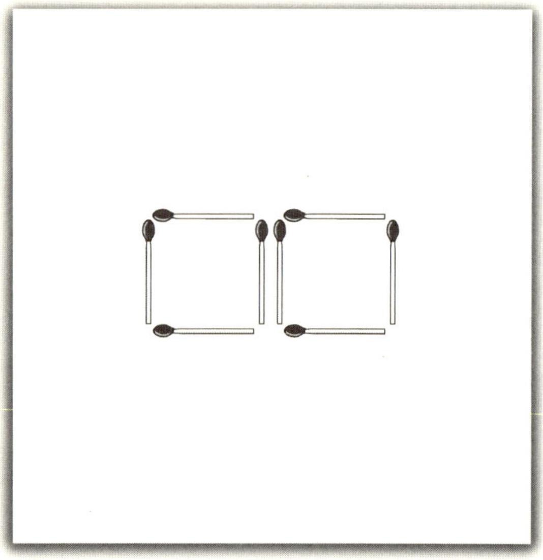

Durch Umlegen der Streichhölzer sollen vier Quadrate entstehen.

112. Welches Wort passt nicht dazu? Was ist das Ausschlusskriterium?
Streit – Diskussion – Predigt – Unterhaltung

113. Ich bin ein Feld, allerdings nicht grün. Eigentlich kann man mich gar nicht sehen. Viele studieren mich, nur wenige verstehen mich. Wer bin ich?

114. Rätst du mich recht, so hast du falsch geraten; und rätst du falsch, so hast du recht geraten.

115. Paul erledigt den Einkauf und bezahlt mit einem 100-Euro-Schein. Der verwirrte Kassierer vertauscht beim Herausgeben des Wechselgeldes die Cents und Euros. Auf dem Weg zurück in Pauls Wohnung wirft er 5 Cent in einen Brunnen. Zu Hause bemerkt Paul den Irrtum des Kassierers. Der aktuelle Betrag ist um das Doppelte höher als der korrekte Wechselgeldbetrag. Wie hoch war die Rechnung des Einkaufs?

116. Welches Wort passt nicht dazu? Was ist das Ausschlusskriterium?
Radfahren – Rasenmähen – Bildhauen – Anstreichen

117. Die folgende Zahlenreihe beginnt mit einer Vier. Jede Zahl der Folge ist um genau eins größer als die Hälfte der nächsten Zahl. Das Ergebnis sieht so aus: 4, X, X, X, X, X, ... Aber wie lautet die sechste Zahl?

118. Führe diese Reihe fort: M D M ...

119. Ein Käsewürfel ist in 27 gleich große Teilwürfel unterteilt (3x3x3). Eine Maus beginnt in einer Ecke und frisst nacheinander die kleinen Teilwürfel auf, wobei sie sich nur von einem Würfel direkt zu einem Nachbarwürfel fortbewegen kann (nicht diagonal). Kann die Maus ihre Tour so gestalten, dass sie den mittleren Würfel zuletzt frisst?

120. In der Schule trinken 70 Prozent der Schüler gerne Limonade, 50 Prozent gerne Cola und 40 Prozent sowohl Limo als auch Cola.

30 Prozent mögen sowohl Cola als auch Fruchtsaft, ebenso viele mögen Limo und Fruchtsaft. 30 Prozent mögen alle Getränke. Wie viel Prozent der Schüler mögen ausschließlich Fruchtsaft?

121. Jemand hat 30 Vögel für 30 Münzen gekauft. Für drei Spatzen zahlte er eine Münze, für zwei Wildtauben ebenfalls eine Münze und für jede Taube zwei Münzen. Wie viele Vögel jeder Art hat er gekauft?

122. Zwei Geschwister werden am selben Tag, im selben Jahr und von derselben Mutter auf natürliche Weise geboren. Beide haben denselben Vater. Trotzdem sind sie keine Zwillinge, weder eineiige noch zweieiige. Kann das sein?

123. Ein Vater sagt seinen beiden Söhnen, dass sie auf ihren Kamelen zu einer entfernten Stadt reiten sollen. Der Sohn, dessen Kamel zuletzt ankommt, bekomme das gesamte Erbe. Ratlos beschließen die beiden, einen weisen Mann aufzusuchen. Dieser gibt ihnen einen Rat, woraufhin die beiden Söhne schnellstmöglich zu der Stadt reiten. Die Anweisungen wurden befolgt und nur einer der Söhne bekommt das Erbe. Was war der Rat?

124. Bei mir kommt die Geburt vor der Schwangerschaft, die Gegenwart vor der Vergangenheit und das Ende vor dem Start. Was bin ich?

125. 32 Schimmel auf einem roten Hang, erst stampfen sie, dann mahlen sie und dann warten sie wieder lang. Was ist das?

126. Welcher der angegebenen Buchstaben fehlt, um aus der Buchstabenreihe ein Wort zu bilden? Wie heißt das Wort? 1.: U, 2.: K, 3.: I, 4.: O, 5.: S.
T E B R E E Z T R V I

127. Wie lauten die nächsten zwei Buchstaben dieser logischen Reihe?
A E F H I K L M ...?

128.

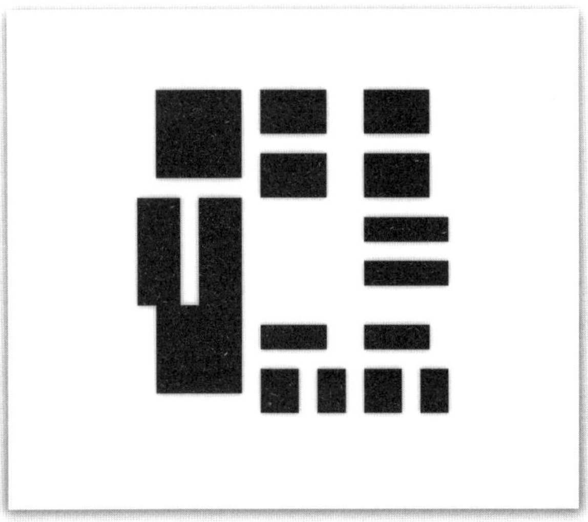

Welches Wort wird in diesem Bild verschlüsselt dargestellt?

129.

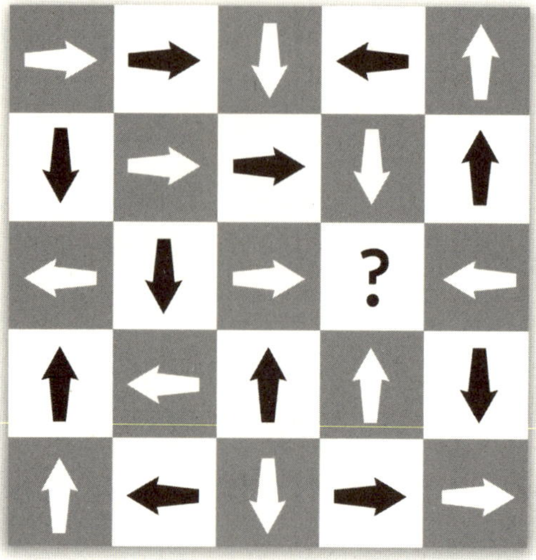

In welche Richtung muss der fehlende Pfeil zeigen?
Dazu musst du erst herausfinden, nach welcher
Logik die Pfeile angeordnet sind.

130.

be	be	cht	Ruf	ru	gen
auf	der	Schie	sor	heu	er
nst	ni	te	st	ver	i
Ist	mo	es	niert	cht	du
bt	kan	gen	ch	niert	ge
r	si	le	un	Was	re

Auf dem Schachbrett sind Wortschnipsel angeordnet. Diese wurden so positioniert, wie auch das Pferd beziehungsweise der Springer beim Schach ziehen kann (zwei Felder vor und eines zur Seite). Insgesamt lassen sich zwei Sätze zusammensetzen.

131. Wie kann man mit nur vier Strichen daraus ein Auto machen: | /- \ ?

132. Neulich beim Kartenspiel: Beim gleichmäßigen Aufteilen der Karten auf neun Personen blieben zwei Karten übrig. Bei vier Personen blieben drei Karten übrig und bei sieben Personen fünf Karten. In der Beschreibung stand, dass 52 Karten in der Schachtel sein sollten. Wie viele Karten waren tatsächlich im Spiel?

133. In einem Kartenspiel mit 23 Karten hat jede Karte auf einer Seite ein Kreuz, auf der anderen einen Kreis. Man weiß, dass im Stapel bei 14 Karten das Kreuz oben liegt (aber nicht, in welcher Reihenfolge). Wie kann man in einem völlig dunklen Raum zwei Stapel bilden, in denen jeweils gleich viele Kreuze nach oben schauen?

134. An einem Tisch sitzen Menschen aus A, B und C. As sagen immer die Wahrheit, Bs lügen immer und Cs sagen abwechselnd die Wahrheit und lügen. Fragt man jeden abwechselnd nach der Herkunft der Nachbarn, erhält man immer die Antwort »aus B«. Zum Schluss fragt man noch einen der Gäste: »Woher stammst du?« Antwort: »Aus B.«; »Wie viele Bs waren am Tisch?« Antwort: »6.« »Waren ebenso viele As wie Cs anwesend?« Antwort: »Nein.« Wie also war die Zusammensetzung aus As, Bs und Cs am Tisch?

135. Gegeben sind zehn Becher, die jeweils mit zehn Metallkugeln gefüllt sind. Während die Kugeln in 9 Bechern jeweils 10 Gramm wiegen, wurde ein Becher mit 9 Gramm schweren Kugeln gefüllt. Es ist weder ersichtlich noch durch Anfassen möglich, diesen Becher ausfindig zu machen. Wie lässt sich dennoch der etwas leichtere Becher ermitteln, wenn man mit einer Waage (mit großer Waagschale) nur einen Messvorgang durchführen darf?

136. Ich mache ein lautes Geräusch, wenn ich meine Jacke wechsle. Daraufhin werde ich größer, wiege jedoch weniger. Wer bin ich?

137.

Bei einem Wörterdrudel werden mittels Buchstaben, Wörtern und Symbolen bestimmte Begriffe, Redewendungen oder Sprichwörter dargestellt. Was ist hier gemeint?

138. Ein Mönch steigt auf einen Berg. Er startet um 6:00 Uhr morgens, geht mal schneller, mal langsamer, schaut sich die Gegend an und erreicht um 18:00 Uhr den Gipfel. Am nächsten Tag startet er um 6:00 Uhr seinen Abstieg (er nimmt exakt die gleiche Strecke) und erreicht um 18:00 Uhr wieder den Fuß des Berges. Gibt es einen Ort auf dem Berg, an dem er jeweils zur selben Tageszeit war?

139. Ein Neurotiker braucht neue Batterien für seine Fernbedienung. Am Kiosk gibt es einzelne Batterien der Billigschiene für nur 0,50 Euro, Viererpackungen mittlerer Qualität um je 3 Euro und Achterpackungen mit High-Energy-Batterien um 10 Euro.
Da er sich nicht entscheiden kann, will er von jeder Sorte mindestens eine Batterie bzw. Packung kaufen. Außerdem muss der Neurotiker stets die Anzahl an Produkten kaufen, die er in Euro mit sich führt (100 Euro). Weil er kein Restgeld annimmt, will er die gesamten 100 Euro in Batterien investieren. Wie viele Produkte aus jedem Qualitätssegment erwirbt der Neurotiker?

140. In einer Urne befinden sich eine Kugel mit der Zahl 1 darauf, zwei Kugeln mit der Zahl 2, drei Kugeln mit der Zahl 3, vier Kugeln mit der 4 etc.... bis hin zu 50 Kugeln, die mit der Zahl 50 beschrieben wurden. Wie viele Kugeln müssen mindestens gezogen werden, um mit Sicherheit zehn Kugeln mit der gleichen Zahl zu erhalten?

141. Earl trifft Bert bei einer eigenartigen Arbeit an: Er locht mit einem Locher buntes Papier, um Konfetti für eine Faschingsparty zu fertigen. Aber das sei doch wohl eine recht mühsame Sache, meinte Earl. Nein, nein, widersprach Bert, er falte ja das Papier dreimal und habe so die dreifache Menge. Das leuchtete Earl ein. Nach kurzem Überlegen sagt er, Bert müsse sogar die sechsfache Menge erhalten. Wer von den beiden hat recht?

142. Vor dir stehen sieben Türen in den jeweiligen Farben Rot, Grün, Blau, Gelb, Violett, Orange und Braun. An jede der Türen wurde ein Hinweis angebracht:

Die rote Tür (die gleichzeitig die Tür in der Mitte ist) ist drei Türen vom Ausgang entfernt.
Die grüne Tür ist drei Türen von der violetten Türe entfernt und links von der roten Tür.
Die blaue Tür ist direkt rechts neben der violetten Tür.
Die gelbe Tür ist rechts von der roten Tür und links von der violetten Tür.
Die violette Tür ist vier Türen von der braunen Tür entfernt.
Die braune Tür ist direkt neben der orangefarbenen Tür.
Die orangefarbene Tür ist nicht der Ausgang.
Welche Farben haben die sieben Türen von links nach rechts und welche Farbe hat die Tür zum Ausgang?

143. 2005 war Erik 25 Jahre alt, aber im Jahr 2010 war er nur 20 Jahre alt. Wie ist das möglich?

144. Mit 500 beginnt's, mit 500 endet's, 5 befindet sich genau in der Mitte; die jeweils ersten Symbole von zwei bekannten Reihen platziere dazwischen und vor dir entpuppt sich der Name eines bedeutenden Königs.

145. Wenn ROT+WUNDE+HANDTUCH+SALDO = RUND ergibt, was ergibt dann FARBE+VERLETZUNG+MISANTHROP+FERTIGKEIT = ?

146. Versuche diese Aufgabe im Kopf zu lösen, also ohne Verwendung von Stift und Papier. Wenn du einen zu »97 Prozent koffeinfreien Kaffee« trinkst, wie viele Tassen Kaffee musst du dann trinken, um die Dosis Koffein abzubekommen, die in einem regulären Kaffee steckt?

147. Bei diesem Rätsel ist die Umkehrung des ersten Begriffs die Antwort des zweiten Begriffs. Bilde aus …
… einem männlichen Paarhufer einen rispigen oder thyrsenförmigen Blütenstand,
… der Existenz eine meteorologische Erscheinung,
… einer krautigen Pflanze das Behältnis der Leblosen,
… einem Ort der Aufbewahrung ein Möbelstück,

... einem Artikel eine persönlich bekräftigte Aussage,
... einem Missstand ein Geräusch,
... einer Behaarung eine Gangart,
... Gleichgültigkeit eine Position,
... Freundlichkeit ein Werkzeug der Holzverarbeitung,
... aus #FF0000 eine bewegbare Konstruktion zum Öffnen und Schließen.

148. Einstein-Rätsel: Kekse-Bäckerei

- Ein Kind bäckt am Mittwoch mit seinem Vater Kekse.
- Johanna freut sich, weil sie mit ihrem Onkel Vanillekipferl backen darf.
- Die Tante bäckt mit einem Neffen Lebkuchen.
- Die Linzer Augen wurden entweder am Donnerstag oder am Freitag gebacken.
- Der Vater hat die Zimtsterne mit seiner Tochter gebacken. Er hat sie aber nicht mit Christine gebacken.
- Der Bruder backte mit seinem Brüderchen am Dienstag die Nusstaler.
- Die Mutter backte mit dem Kind am Donnerstag Kekse.
- Armin hat nicht mit seinem Bruder gebacken.
  Die Vanillekipferl wurden nicht später als Mittwoch gebacken.

149. Ich habe keinen Schneider und hab doch sieben Kleider. Wer sie mir auszieht, der muss weinen, und sollt er noch so lustig scheinen.

150. Ein Gärtner findet heraus, dass die Anzahl der Samenkapseln pro Pflanze genauso groß ist wie die Anzahl der Pflanzen, die er hat. Jede Kapsel wiederum beinhaltet genauso viele Samen wie die Anzahl der Kapseln pro Pflanze. Er teilt nun die Samen auf sieben Freunde gleichmäßig auf und gibt jedem dabei so viele wie möglich. Die paar übrig gebliebenen Samen baut er selbst an. Wie viele sind es?

151. Wer ist so empfindlich, dass sie bricht, wenn nur ihr Name ausgesprochen wird?

152.

kommen da

Bei einem Wörterdrudel werden mittels Buchstaben, Wörtern und Symbolen bestimmte Begriffe, Redewendungen oder Sprichwörter dargestellt. Was ist hier gemeint?

153.

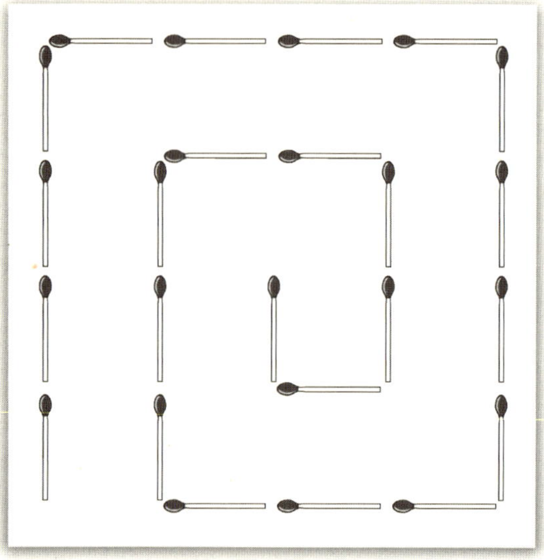

Lege vier Streichhölzer so um, dass drei Quadrate entstehen.

154. Ein Matrose erhält den Auftrag, das Schiff außen neu zu streichen. Seine Strickleiter reicht 15 Zentimeter über die Wasseroberfläche, die Sprossen sind 30 Zentimeter voneinander entfernt. Er steht auf der untersten Sprosse. Während er noch streicht, setzt die Flut ein und der Wasserspiegel steigt um 90 Zentimeter. Wie viele Sprossen muss er hinaufklettern, um keine nassen Füße zu bekommen?

155. Es gibt eine Zahl, die man mit 1, 2, 3, 4, 5 oder 6 multiplizieren kann, und das Ergebnis besteht jedes Mal aus genau derselben Ziffernfolge, nur jedes Mal an anderer Stelle beginnend.

156. Stefan sitzt vor einem Büro und wartet auf einen wichtigen Termin. Als er eintraf, hörte er die alte Wanduhr aus dem Büro einmal schlagen. Sein Termin lässt auf sich warten, denn eine halbe Stunde später hört er wieder einen Schlag der Uhr, 30 Minuten später wieder. Wie spät ist es?

157. Sieben Personen, A, B, C, D, E, F und G, diskutieren darüber, welcher Wochentag heute ist. Sie sagen Folgendes: A: »Übermorgen ist Mittwoch.« B: »Nein, heute ist Mittwoch.« C: »Ihr liegt beide falsch, Mittwoch ist morgen.« D: »Quatsch. Heute ist weder Montag, Dienstag noch Mittwoch.« E: »Ich bin mir sicher, dass gestern Donnerstag war.« F: »Nein, gestern war Dienstag.« G: »Alles, was ich weiß, ist, dass gestern nicht Samstag war.« Wenn nur eine Aussage richtig ist, an welchem Wochentag fand das Gespräch statt?

158. Welcher der angegebenen Buchstaben fehlt, um aus der Buchstabenreihe ein Wort zu bilden? Wie heißt das Wort? Diese Buchstaben stehen zur Auswahl. 1.: J, 2.: A, 3.: E, 4.: N, 5.: W.
S S A R E T S B A N H

159. Ich habe vor mir in einem Regal nebeneinander Uhren in einer Reihe stehen. Zwei davon sind Kuckucksuhren. Eine Kuckucksuhr ist die sechste Uhr von links, die andere ist die achte Uhr von rechts. Zwischen den beiden Kuckucksuhren stehen genau drei andere Uhren. Wie viele Uhren stehen mindestens im Regal?

160.

Denk	Ein	Glück	übt	höht	chter
im	sich	das	lei	iel	Früh
	ver-mögen	Sp	be	Sch	er
was	Lie	ter	auf	wer	Pe
Hin	will	in	Mei	Kopf	lag
der	ein	den	den	ch	ster

Auf dem Schachbrett sind Wortschnipsel angeordnet. Diese wurden so positioniert, wie auch das Pferd beziehungsweise der Springer beim Schach ziehen kann (zwei Felder vor und eines zur Seite). Insgesamt lassen sich drei Sätze zusammensetzen.

161.

Eis^3

Bei einem Wörterdrudel werden mittels Buchstaben, Wörtern und Symbolen bestimmte Begriffe, Redewendungen oder Sprichwörter dargestellt. Was ist hier gemeint?

162.

Wie lautet das versteckte Wort?

163. In einem kleinen Eisenbahnnetz kann man auf jedem Bahnhof Tickets zu jedem anderen Bahnhof kaufen. Als neue Bahnhöfe dazukommen, werden insgesamt 34 verschiedene neue Fahrkarten nötig. Wie viele Bahnhöfe gibt es jetzt und wie viele davon sind neu?

164. Welches Wort passt nicht dazu? Was ist das Ausschlusskriterium?
Tabak – Kobold – Indiz – Kurier

165. Im Reptilienhaus zählte ein Mann 27 Köpfe und 70 Beine. Anwesend waren ausschließlich gesunde Schlangen, Echsen und Menschen. Es gab doppelt so viele Echsen wie Menschen. Wie viele Schlangen gab es zu sehen?

166. Der Spion will sich in die Stadt einschmuggeln, muss aber am Torwächter vorbei. Da er das Passierwort nicht kennt, beobachtet er andere, wie sie durch das Tor gehen. Als Erstes kommt ein dicker Mönch. Der Torwächter sagt: »16«, worauf der Mönch schlicht »8« sagt. Dann kommt ein Bauer. Der Torwächter sagt: »28« und der Bauer: »14.« Als ein Händler kommt, sagt der Wächter: »8« und bekommt als Antwort: »4.« Alle dürfen passieren. Ach, das ist ja einfach, denkt der Spion und antwortet auf des Torwächters Frage: »12« lässig mit »6« – und wird umgehend verhaftet. Was hätte er wohl sagen müssen?

167. Armin gibt Bernd die Summe an Euros, die Bernd in der Hand hält. Daraufhin reicht Bernd die Menge an Euros zurück, die Armin noch übrig hat. Armin überlässt Bernd nun die Menge an Euros, die Bernd hat. Damit ist Armin völlig mittellos und Bernd in Besitz von 80 Euro. Wie viele Euros hatten beide zu Beginn der Transaktionen?

168. Eine Tageskarte in einem Bus kostet 1 Euro. Ein Einzelfahrschein kostet 50 Cent. Ein dem Busfahrer unbekannter Mann betritt den Bus, gibt dem Fahrer wortlos 1 Euro und bekommt dafür eine Tageskarte. Woher wusste der Busfahrer, dass der Mann eine Tageskarte (und keine Einzelkarte) wollte? Hinweis: Der Mann hatte keine weiteren Personen dabei, verständigte sich nicht über Zeichen und fuhr zum ersten Mal mit diesem Bus.

169.

Durch Umlegen einer Münze sollen sowohl auf der x-Achse als auch auf der y-Achse vier Münzen liegen.

170. Entlang einer Laufstrecke sind 20 Fähnchen in gleichen Abständen aufgestellt. Der Start des Rennens ist beim ersten Fähnchen. Nach 13 Sekunden befindet sich der Champion Stefan Schnell beim 13. Fähnchen. Wann gelangt er zum letzten Fähnchen, wenn er mit konstanter Geschwindigkeit weiterläuft?

171. Was geht um die Welt und bleibt dennoch immer in der Ecke?

172. Wie lautet die Mindestanzahl an Stühlen, um vier Väter, zwei Großväter und vier Söhne an einen Tisch zu setzen?

173. Was haben folgende Wortphrasen mit Jazz zu tun?
Anker Titel Rar Teig Via Kerl Opas Neu Satans Korb Meter Top

174. Beim Zurückspulen einer altmodischen Videokassette dreht sich der Wickelteller mit konstanter Geschwindigkeit. Wie lange dauert es, die ersten 25 Prozent eines vollständig abgespielten Bandes zurückzuspulen? Der Einfachheit halber nehmen wir an, dass der Durchmesser des vollständig aufgespulten Videobands wesentlich größer ist als der des Tellers.

175. Wenn heute 0 Grad Celsius angezeigt werden und es morgen doppelt so kalt sein wird, was wird das Thermometer dann anzeigen? Ein Tipp: Es muss eine andere Temperaturskala zu Hilfe genommen werden.

176. Welches bekannte Sprichwort verbirgt sich hinter diesem Satz: »Populanten von Domizilen mit fragiler, transparenter Außenstruktur sollten sich von der Transformation von gegen Deformierung resistenter Materie distanzieren«?

177. Auf einer runden Wiese mit einem Durchmesser von 10 Metern ist irgendwo am Rand der Wiese eine Ziege an einem Seil angebunden, wobei die Ziege genau bis zum Mittelpunkt der Wiese gelangen kann. Wie viele Quadratmeter der Grasfläche kann die Ziege abgrasen?

178.

In welche Richtung muss der fehlende Pfeil zeigen?
Dazu musst du erst herausfinden, nach welcher
Logik die Pfeile angeordnet sind.

179.

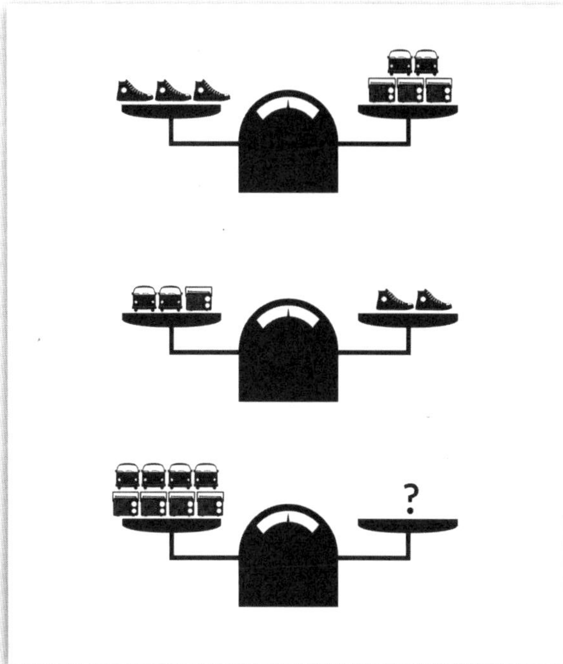

Wie viele Schuhe bringen die
dritte Waage ins Gleichgewicht?

180. Fred kann 27 Brownies in einer Stunde essen. Viki kann 2 Brownies in 10 Minuten verdrücken und Sigi schafft 7 Brownies in 20 Minuten. Wie lange brauchen sie zusammen, um 120 Brownies zu verputzen?

181. Entschlüssle die folgende Zeichenkette: AA AAA AB A BA AAB.

182. Ich kenn ein warmes Haus, es hat drei Türen für rein und raus. Geht man morgens rein ins Haus, schauen unten Füße raus. Abends geht man wieder raus. Sag mir doch, wie heißt dieses Haus?

183. Sie kommt immer wieder und geht vorbei. Bis auf eine Ausnahme hat sie immer verschiedene Längen. Sie kann die Fantasie der Menschen anregen, romantische Gefühle wecken oder auch Angst machen. Meist dient sie der Erholung.

184. Ich bin meist eckig oder rund, viele hassen mich, aber die meisten brauchen mich. Wer oder was bin ich?

185. Hans hat zwei Freundinnen, die eine wohnt im Norden der Stadt und die andere im Süden. Jeden Tag besucht er eine der beiden und überlässt es dem Zufall, welche. Er geht einfach zu einer Haltestelle und nimmt den ersten Bus, der kommt. Beide Busse fahren alle 10 Minuten. Er stellt allerdings nach ein paar Monaten fest, dass er die Freundin im Norden neunmal öfter besucht hat als die im Süden. Woran kann das liegen?

186. Ein Bauer will seine Ziege, einen Krautkopf und seinen Wolf mit einem kleinen Ruderboot über einen Fluss setzen. Der Bauer kann immer nur eines seiner Tiere bzw. nur den Krautkopf mit ins Boot nehmen. Dabei kann er den Wolf und die Ziege nicht alleine am Flussufer zurücklassen (der Wolf frisst sonst die Ziege). Die Ziege kann er nicht alleine mit dem Krautkopf zurücklassen (die Ziege frisst den Krautkopf). Wie kann der Bauer seine Ladung mit dem Boot über den Fluss bringen?

187.

Wie lautet heute das gesuchte Wort?

188. Homer verputzte zu Wochenbeginn ein Drittel der Donuts am Arbeitsplatz. Am Dienstag aß er die Hälfte der übrigen Donuts. Am Tag darauf nur zwei und vier weitere am Donnerstag. Am letzten Arbeitstag verdrückte Homer die Hälfte der übrig gebliebenen Donuts. Am nächsten Montag fand er nur noch ein Zwölftel der ursprünglichen Menge an Donuts vor. Außer Homer hat niemand Donuts gegessen. Wie viele Donuts waren zu Beginn der vorherigen Woche am Arbeitsplatz?

189. Einstein-Rätsel: Restaurantbestellung

- Der Gast auf Platz 4 gab das wenigste Trinkgeld und aßen Schnitzel.
- Der Gast auf Platz 1 hatte Risotto zu Mittag.
- Der Gast, der den Strudel aß, gab 0,70 Euro Trinkgeld.
- Emma gab 0,50 Euro Trinkgeld.
- Johannes bestellte sich einen Salat zu Mittag. Er gab außerdem weder das meiste noch das wenigste Trinkgeld.
- Charlotte, die auf Platz 3 saß, bestellte sich eine Suppe und gab außerdem das meiste Trinkgeld aller weiblichen Gäste.
- Bernhard saß genau gegenüber von dem Gast, der einen Schweinebraten aß, und gab 0,80 Euro Trinkgeld.
- Fritz hat weniger Trinkgeld gegeben als Julia, die auf Platz 2 saß.

190. Georg hat ebenso viele Brüder wie Schwestern und jede Schwester hat halb so viele Schwestern wie Brüder. Wie viele Jungen und wie viele Mädchen gibt es in Georgs Familie?

191. Welches Wort passt nicht dazu? Was ist das Ausschlusskriterium? Versehen – Unfall – Fälschung – Irrtum

192. Die 1310 Teilnehmer eines Kongresses sollen so auf 38 Autobusse mit 41, 29 beziehungsweise 13 Plätzen verteilt werden, dass kein Platz leer bleibt. Wie müssen sie aufgeteilt werden?

193. Was wurde mir gegeben und gehört mir, wird von mir nicht verliehen, aber von allen Menschen benutzt, die mich kennen?

194.

$$5+5+5=550$$

Wie kann man diese Gleichung mit nur einem geraden Strich richtig stellen?

195.

Welcher Film wird hier dargestellt?

Tipp: Die Hauptdarstellerin spielt eine Rolle in der
der US-Fantasyserie *Game of Thrones*.

196. Bei einem Gewinnspiel mussten die 5 Teilnehmer raten, wie viele Murmeln sich in einem Gurkenglas befinden. Die Schätzungen der fünf Spieler (45, 41, 55, 50 und 43) lagen einmal um 3, um 5, um 2 und zweimal um 7 daneben. Kann man mit diesen Informationen auf die korrekte Anzahl der Murmeln schließen?

197. Frau Theres ist eine seltsame Lügnerin.
Sie lügt an sechs Tagen in der Woche und am siebten Tag sagt sie nur die Wahrheit. An drei aufeinanderfolgenden Tagen machte sie folgende Aussagen:
Tag 1: »Ich lüge an Montagen und Dienstagen.«
Tag 2: »Heute ist entweder Dienstag, Samstag oder Sonntag.«
Tag 3: »Ich lüge an Mittwochen und Freitagen.«
An welchem Tag sagt Frau Theres die Wahrheit?

198. Zwei Müller tragen Mehlsäcke. Der eine sagt: »Gib mir noch einen, dann trage ich doppelt so viele wie du, oder nimm mir einen ab, damit wir gleich viele Säcke tragen.« Wie viele Säcke tragen die beiden?

199. Die folgenden zwei Begriffe sehen unterschiedlich aus und ergeben, wie es scheint, keinen Sinn. Dennoch steckt ein System dahinter und außerdem bedeuten sie ein und dasselbe. Wie lautet der Begriff und was steckt hinter der Verschlüsselung? 1. k<oödä jdö oaudö 2. plyo.n e.o yau.o

200. Forme ein Wort aus diesen 18 Buchstaben:
A C C K K K K L M R S S T U U U U U

201. Vier Autos kommen zur selben Zeit an eine Kreuzung. Niemand weiß, wer zuerst da war, also fahren alle im selben Moment los. Die Autos stoßen nicht zusammen, sondern fahren alle unbehindert weiter. Wie ist das möglich?

202. Wie jeden Morgen füllt Judith Wasser in ihre Teetasse und stellt sie für exakt 2 Minuten in den Mikrowellenherd. Nach den 2 Minuten öffnet Judith kurz den Mikrowellenherd, nur um ihn sofort wieder zu schließen und das Wasser für weitere 2 Sekunden zu erhitzen. Wozu sollte das gut sein?

203. Ich habe ein großes Maul und bin auch ziemlich laut. Ich habe nichts mit Klatsch und Tratsch zu tun, bin aber in jedermanns schmutzige Angelegenheiten involviert. Wer bin ich?

204. Sechs Gläser stehen in einer Reihe: Die ersten drei sind mit Bier gefüllt, die anderen sind leer. Ziel ist es, die Gläser mit möglichst wenigen Zügen so anzuordnen, dass nach einem vollen Glas immer ein leeres kommt. Dabei ist ein Zug die Bewegung eines Glases.

205. Je mehr es davon gibt, umso weniger sieht man. Was ist das?

206. Ein Araber vermachte seinen drei Söhnen siebzehn Kamele. Diese sollten sie folgendermaßen unter sich aufteilen: Der Älteste sollte die Hälfte bekommen, der zweite Sohn ein Drittel und der Jüngste ein Neuntel. Wie konnten sie die Kamele aufteilen?

207. Wie kann die Hälfte von 10 gleich 5, von 9 gleich 4, von 11 gleich 6 und von 12 gleich 7 sein?

208. Ein fiktiver Hund rennt von Bern (Schweiz) nach Paris. Die Distanz beträgt Luftlinie 500 Kilometer. Am Hinterbein ist eine Blechbüchse angebunden. Er macht Sprünge von 1 Meter Länge und bei jedem Sprung schlägt die Büchse einmal auf. Seine Startgeschwindigkeit ist 1 Meter pro Sekunde. Jedes Mal, wenn er die Büchse aufschlagen hört, verdoppelt er seine Geschwindigkeit. Mit welcher Geschwindigkeit kommt er in Paris an?

209. Drei Probanden werden drei weiße und zwei schwarze Zettel gezeigt, und anschließend bekommen sie einen der Zettel auf die Stirn geklebt. Sie sehen die Farbe der Zettel ihrer Mitspieler, kennen jedoch nicht die des eigenen Zettels. Der Erste, der seine Farbe errät, gewinnt. Die drei Probanden haben jeder einen weißen Zettel auf der Stirn, und genau zu diesem Schluss kommen alle drei Spieler auch nach einigem Überlegen. Wie kamen sie zu diesem Schluss?

210.

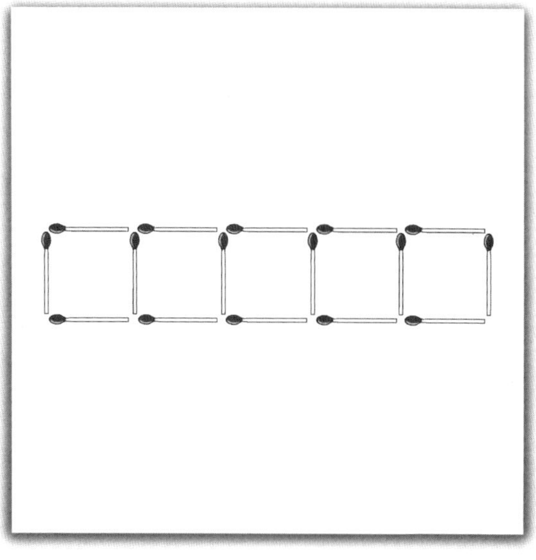

Durch Umlegen von sechs Streichhölzern sollen vier Quadrate übrig bleiben.

211.

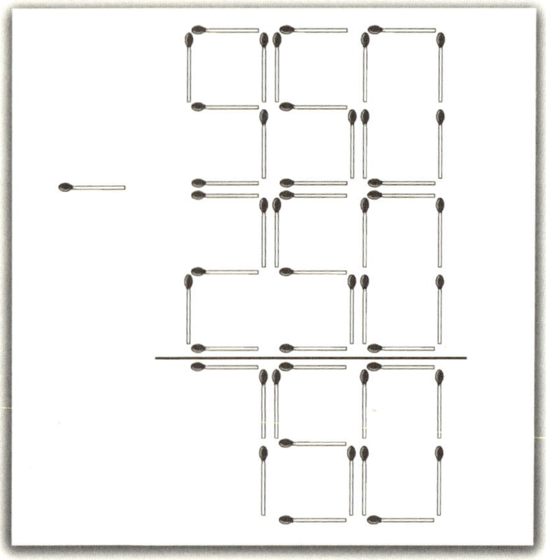

Lege zwei Streihhölzer so um,
dass die Rechnung stimmt.

212.

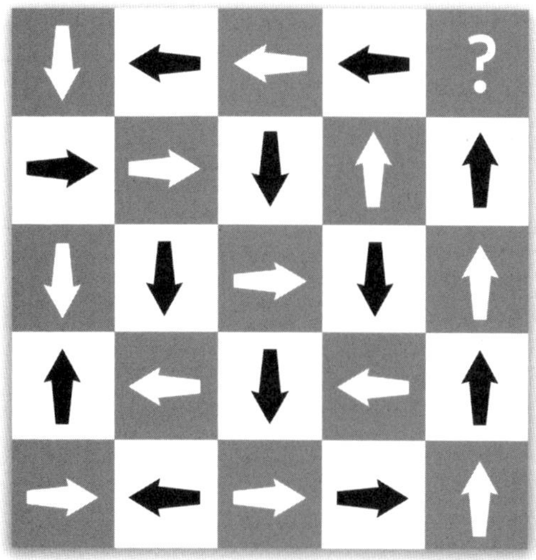

In welche Richtung muss der fehlende Pfeil zeigen?
Dazu musst du erst herausfinden, nach welcher
Logik die Pfeile angeordnet sind.

213. Dechiffriere folgenden Code: G L D T Ö R I U D S A E H I U T R A E N U E S L G. Wie lautet die Nachricht?

214. Paul lädt den Schwager seines Vaters, den Schwiegervater seines Bruders, den Bruder seines Schwiegervaters und den Vater seines Schwagers zu einer Familienfeier ein. Was ist die minimale Zahl der Gäste? Wie viele Personen sind es wirklich?

215. Wer es tut mit »aus«, der will verzichten, tust du es mit »ab«, verweigerst du, tust du es mit »ein«, so sagst du zu. Wer es tut mit »zer«, der will vernichten, wer es tut mit »nach«, will sich belehren, wer es tut mit »vor«, den muss man hören, wer es tut mit »über«, der ist flüchtig, wer es tut mit »be«, der gilt als tüchtig.

216. Bringe die Zahlen 1, 1, 2, 2, 3, 3, 4, 4 so in eine Reihe, dass die Zahl selbst immer den Abstand zu ihrem Zwilling angibt. Die zwei 1er müssen folglich direkt nebeneinanderstehen. Zwischen der einen 2 und der anderen 2 muss genau eine andere Zahl stehen usw.

217. Die Zahlen dieser Addition wurden durch Buchstaben ersetzt. Jeder Buchstabe steht für eine andere Ziffer, die Rechnung besteht demnach aus acht verschiedenen Ziffern.

ABCABA
BBDCAA
ABEABB
ABDBAA

\+ AAFGBDH

Welche Zahlen wurden welchen Buchstaben zugeordnet?

218. Die Höhe eines Baums verdoppelt sich jedes Jahr. Nach zehn Jahren hat er seine maximale Höhe erreicht. Nach wie vielen Jahren hatte er die Hälfte seiner Maximalhöhe erreicht?

219.

ch	ge	ben	stu	ne	üb
ha	be	schö	ht	laubt	dier
en	au	Pro	en	er	Töch
und	ter	Lie	er	ist	An
der	bier	e	kr	ter	les
Müt	im	In	al	der	ieg

Auf dem Schachbrett sind Wortschnipsel angeordnet. Diese wurden so positioniert, wie auch das Pferd beziehungsweise der Springer beim Schach ziehen kann (zwei Felder vor und eines zur Seite). Insgesamt lassen sich drei Sätze zusammensetzen.

220.

Welcher Film wird hier dargestellt?

Tipp: Prima Ballerina

221.

Die Zahlen auf dem Display passen offensichtlich nicht zu den gewählten Tasten (bei Taste [1] erscheint die Zahl 6, bei Taste [2] die 7 usw.). Aufgabe: Wähle fünf bestimmte Tasten, und es werden fünf Zahlen am Display erscheinen. Diese fünf Zahlen am Display sollen mit den gedrückten Zahlentasten übereinstimmen (allerdings werden sie in einer andern Reihenfolge amDisplay angezeigt). Welche fünf Tasten müssen gedrückt werden?

222. Wir alle wissen, dass sich Sonne, Mond und Sterne am Himmel bewegen, auch wenn die sichtbare Bewegung nur eine scheinbare ist. Aber wer bewegt sich am schnellsten? Und wer am langsamsten?

223. Ein Mann verlässt sein Stammlokal und tritt mit 5 Kilometern pro Stunde seinen 10 Kilometer langen Heimweg an. Mit dabei sein Hund, der dreimal so schnell ist und einmal zum Haus des Herrchens rennt, dort umkehrt und seinem Herrchen wieder entgegen, läuft. Der Hund wiederholt den Ablauf, bis beide schließlich das Haus erreicht haben. Wie viele Kilometer ist der Hund gelaufen?

224. Unter der Voraussetzung, dass sich Rudolph an der Spitze des Gespanns befindet, wie viele verschiedene Möglichkeiten gibt es, die restlichen acht Rentiere des Weihnachtsmannes anzuordnen?

225. Rate, Freund, es ist nicht schwer: Wer's hat, hat, was er hatte, nicht mehr. Wer's aber ist, den äfft des Teufels Brut; man sperrt ihn ein und fürchtet seine Wut.

226. Zwei Arbeiter streichen zwei Wände in exakt zwei Stunden. Wie viele Arbeiter sind nötig, um 18 Wände in genau sechs Stunden zu streichen?

227. Lotte sagt: »Vorgestern war ich 99 Jahre alt, und im nächsten Jahr werde ich 102 Jahre alt werden.« Unter welchen Voraussetzungen kann diese Aussage richtig sein?

228. Bei einer Prüfung im Fach Deutsch werden sechs Schülern drei Fragen gestellt. Die Antworten lauten: 1. Goethe, Goethe, Shakespeare. 2. Shakespeare, Shakespeare, Goethe. 3. Schiller, Schiller, Goethe. 4. Shakespeare, Goethe, Schiller. 5. Schiller, Shakespeare, Shakespeare. 6. Shakespeare, Schiller, Schiller. Jeder Schüler hat zumindest eine Frage richtig beantwortet. Wie lauten die korrekten Antworten zu den drei gestellten Fragen?

229.

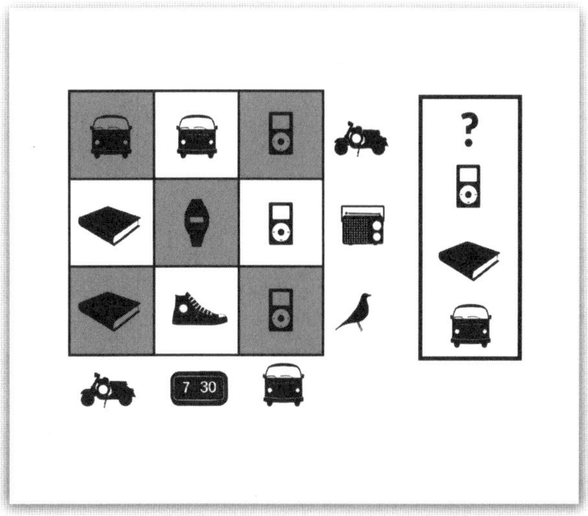

Jede Zeile und Spalte ergibt in Summe eine Zahl, die am Ende der Zeile bzw. unterhalb der Spalten abgebildet ist. Sowohl Summanden als auch die Summen wurden durch Symbole ersetzt. Welche Zahlenwerte können den drei Symbolen rechts unter dem Fragezeichen zugeordnet werden?

230. Frank veranstaltet eine Party. Damit möglichst viele Gäste zur Party erscheinen, lässt er sich ein bestimmtes Verfahren einfallen. Er lädt seine fünf besten Freunde ein, von denen jeder vier weitere Personen einladen darf. Von diesen soll jeder genau drei weitere Personen einladen, die wiederum zwei weitere Personen einladen sollen. Letzter Personenkreis wird aufgefordert, eine (natürlich nicht bereits geladene) Person mit zur Party zu nehmen. Wie lautet nun die Summe der von Frank eingeladenen Gäste?

231. Die alte Wanduhr meines Freundes macht mich fertig. Als ich an einem Sonntag bei ihm war und im Radio die Nachrichten zur vollen Stunde begannen, ging sie drei Minuten nach. »Jede Stunde verliert sie 7 Minuten«, sagte er zu mir. Als ich ihn ein paar Tage später wieder besuchte, ging die Uhr genau richtig. Zu den Nachrichten zeigte sie die korrekte Uhrzeit an. An welchem Tag war das?

232. Ich werde täglich verwendet. Fünf Bestandteile machen mich aus:
Mein erster Bestandteil macht Menschen Komplimente.
Mein zweiter Bestandteil lenkt die Aufmerksamkeit auf andere.
Mein dritter Bestandteil kann verletzend sein.
Mein vierter Bestandteil kann einen kostbaren Schatz besitzen.
Mein fünfter Bestandteil wird beim Genuss von Getränken stilvoll in Szene gesetzt.
Wer bin ich?

233. In einem Raum sind 100 Glühbirnen aufgereiht, die von 1 bis 100 durchnummeriert sind. Bei jeder Glühbirne befindet sich ein Schalter. Alle Schalter sind momentan auf »AUS« gestellt. Außerhalb des Raumes steht eine Menschenschlange aus 100 Personen. Die erste Person betritt den Raum, schaltet jede der 100 Glühbirnen ein und verlässt den Raum wieder. Die zweite Person betritt den Raum und betätigt den Schalter zu jeder zweiten Glühbirne (also die 2., 4., 6. usw.). Die dritte Person betritt den Raum und betätigt den Schalter zu jeder dritten Glühbirne (also 3., 6., 9. ...). So wird fortgefahren, bis alle 100 Personen den Raum betreten und die jeweiligen Schalter betätigt haben.
Wie viele Glühbirnen sind nach Verlassen der 100. Person eingeschaltet? Ist die 64. Glühbirne eingeschaltet oder nicht?

234.

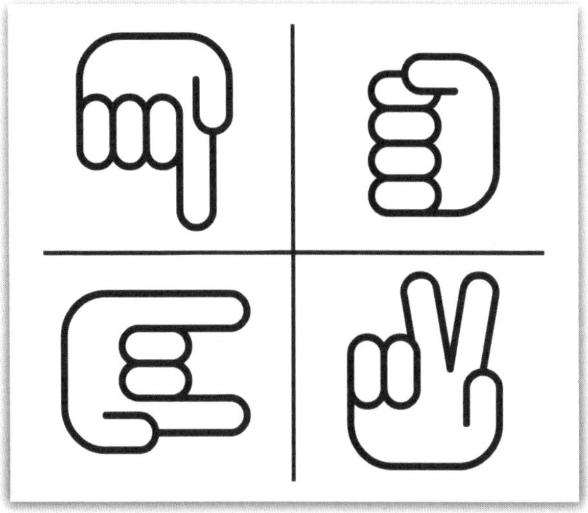

Welcher der vier Bildausschnitte passt nicht zu den anderen drei? Was ist das Ausschlusskriterium?

235.

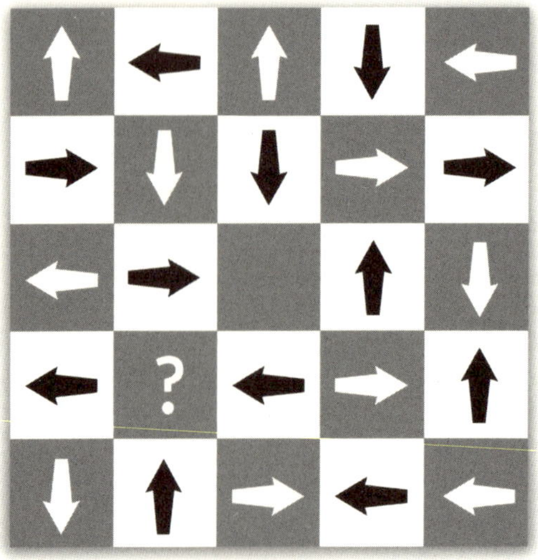

In welche Richtung muss der fehlende Pfeil zeigen?
Dazu musst du erst herausfinden, nach welcher
Logik die Pfeile angeordnet sind.

236. Welches Wort passt nicht dazu? Was ist das Ausschlusskriterium?
Delfin – Hai – Fasan – Schnabeltier

237. Bei der Heirat war einer der beiden Eheleute ¾-mal so alt wie der andere. Jetzt, nach 21 Jahren, ist die Altersdifferenz 1/4 des Älteren zur Zeit der Heirat. Die Ehefrau ist jetzt 49. Wie alt ist der Ehemann?

238. Am Anfang bin ich das Gegenteil von Land, in der Mitte die heilige Schrift, danach eine Geliebte des Zeus und am Ende auch noch das Lied, das den schönsten Platz für Biertrinker bezeichnet. Was bin ich als Ganzes?

239. 41 Mitspieler müssen sich in einer Zweierreihe aufstellen, sodass 1 links neben 2, 3 links neben 4 usw. steht. Alle, die einen rechten Partner haben oder alleine stehen, scheiden aus. Das wird so oft wiederholt, bis nur einer übrig bleibt. An welcher Position stand der Sieger am Beginn?

240. Der, der es macht, der will es nicht; der, der es trägt, behält es nicht; der, der es kauft, der braucht es nicht; der, der es hat, der weiß es nicht.

241. Eine sehr alte Erfindung erlaubt es Menschen, durch Wände zu sehen. Welche ist es?

242. Welcher der angegebenen Buchstaben fehlt, um aus der Buchstabenreihe ein Wort zu bilden? Wie heißt das Wort?
1.: R, 2.: A, 3.: T, 4.: Z, 5.: E.
G U L F U E G

243. Pablo Pleonassis sieht gerne Flugvorstellungen mit Düsenjets, aber nicht mit Propellerflugzeugen. Auf Sportveranstaltungen macht er die La-Ola-Welle, aber niemals würde er in eine Vuvuzela blasen. Er kauft Wurst und Käse nur aus der Glasvitrine und niemals verpackt. Geht Herr Pleonassis lieber zu Fuß oder fährt er lieber mit dem Fahrrad?

244.

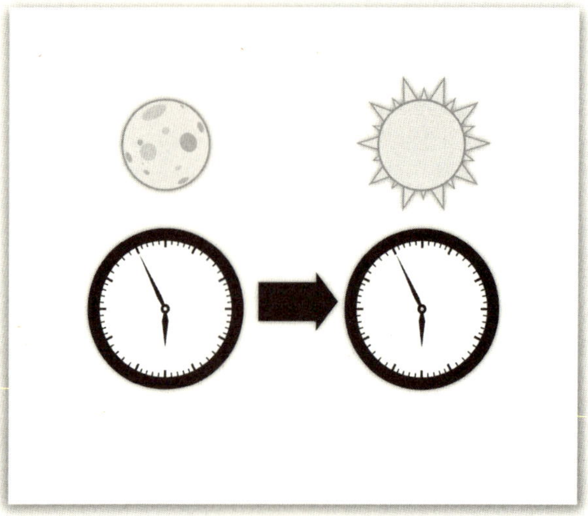

Welcher Film wird hier dargestellt?

Tipp: Quentin

245.

HEZX
VNTA
LKRF
MYIW

Was passt hier nicht ins Bild?

246.

es	An	schwer	schmie	lan	Hek
ist	sen	ge	geht	Das	den
ler	heiß	fang	so	tar	ver
Ei	den	Lie	dem	aus	schlä
ist	Al	den	soll	be	be
Bo	das	Fass	steht	gt	Man

Auf dem Schachbrett sind Wortschnipsel angeordnet. Diese wurden so positioniert, wie auch das Pferd beziehungsweise der Springer beim Schach ziehen kann (zwei Felder vor und eines zur Seite). Insgesamt lassen sich vier Sätze zusammensetzen.

247. Mit wie vielen Lastenträgern kommt ein Forschungsreisender aus, der einen Sechstagesmarsch durch eine Sandwüste machen will, wenn sowohl er als auch jeder der Träger nur je vier Tagesportionen Nahrung und Wasser mitnehmen können?

248. Welche logische Fortsetzung hat diese Reihe:
2 1 2 2 4 2 4 2 4 6 2 6?

249. Wenn der Sohn von Franz der Schwiegervater des Mannes der Schwester meines Vaters ist, wie bin ich dann mit Franz verwandt?

250. Der Eiffelturm in Paris ist 300 Meter hoch und wiegt circa 8000 Tonnen. Würde man ihn aus dem gleichen Material in einer Höhe von dreißig Zentimetern originalgetreu nachbauen, wie schwer wäre er dann?

251. Wie viele verschiedene Strichcodes (von links nach rechts gelesen) können mit folgenden Vorgaben generiert werden?
Ein Strichcode soll ...
1. ... abwechselnd aus schwarzen und weißen Strichen bestehen,
2. ... mit einem schwarzen Strich beginnen und enden,
3. ... aus Strichen bestehen, dessen Breite jeweils 1 oder 2 Längeneinheiten beträgt,
4. ... 14 Längeneinheiten betragen.

252. Welches Wort passt nicht dazu? Was ist das Ausschlusskriterium?
Eifersucht – Zuneigung – Ehrgeiz – Hochachtung

253. Wie kann man nur mit den vier Grundrechenarten und den Zahlen 1, 5, 6 und 7 die Zahl 21 erhalten?

254. Es gibt sieben Häuser, in jedem Haus wohnen sieben Katzen. Jede Katze frisst sieben Mäuse, von denen wiederum jede sieben Kornähren gefressen hat. In jeder Ähre sind sieben Samen. Wie viele Objekte sind es insgesamt? Das ist übrigens das älteste dokumentierte Rätsel.

255.

Hinter dieser bildlichen Darstellung verbirgt sich ein Begriff. Allerdings muss ein „T" gestrichen werden, um der Lösung Sinn zu geben.

256. Welches Wort passt nicht dazu? Was ist das Ausschlusskriterium? stricken – unterrichten – hämmern – backen

257. Welche sind die beiden fehlenden Zahlen in der folgenden Reihe:
_ _ 3 6 9 6 2 3 9 5?

258. Wenn eine Uhr 15 Sekunden braucht, um sechs zu schlagen, wie lange braucht sie, um zwölf zu schlagen?

259. Eine quadratische Platte ist in 10x10 kleinere Quadrate unterteilt. Genau 9 dieser Teile sind mit Schimmelpilz befallen. Der Schimmelpilz befällt einen neuen Teil, wenn mindestens zwei Nachbarn (orthogonal) auch befallen sind. Ist es möglich, dass die gesamte Platte vom Pilz befallen wird?

260. Ein blinder Mann will im Supermarkt drei Paar weiße und drei Paar schwarze Socken kaufen. Als er sie schließlich hat und zur Kasse gehen will, stößt er mit einem anderen blinden Mann zusammen, der seine (wie der Zufall so will) drei Paar weißen und drei Paar schwarzen Socken umtauschen will. Durch den Zusammenstoß liegen nun alle zwölf Paar Socken durcheinander auf dem Boden. Jedes Sockenpaar wird jedoch durch ein Gummiband zusammengehalten. Nach kurzer Überlegung hatte jeder der blinden Männer wieder die sechs Sockenpaare mit der richtigen Farbe zusammen. Wie konnten sie das bewerkstelligen (ohne Hilfeleistung von anderen Personen)?

261. Was ist längst fertig und wird doch täglich neu gemacht?

262. Wenn man es nicht hat, dann ist man nicht, rückwärts beschränkt es nur die Sicht.

263. Was bin ich? An Drähten oder an Gestängen oder sonst wo mag ich hängen. Zieh mein letztes ich vor mich, stehe oder hänge ich. Hab ich schließlich mich vermengt, stehe ich, ein Teil nur hängt.

264.

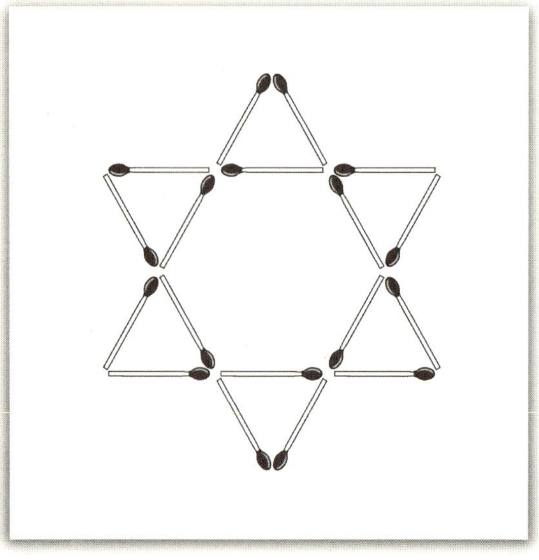

Durch das Umlegen von sechs Streichhölzern soll der Stern in sechs gleich große Rauten verwandelt werden.

265.

Welcher Film wird hier dargestellt?

Tipp: Kornfeldkreise

266.

1
11
21
1211

Die Zeilen der abgebildeten Zahlenpyramide wurden nach einem bestimmten Verfahren aufgebaut. Wie sehen die nächsten zwei Zeilen aus, wenn man dieses logische Verfahren fortsetzt?

267. Ein Junge und ein Mädchen unterhalten sich: »Ich bin ein Junge«, sagt das blonde Kind. »Ich bin ein Mädchen«, sagt das schwarzhaarige Kind. Mindestens eines der Kinder lügt. Welche Haarfarbe hat das Mädchen?

268. Einstein-Rätsel: Speeddating

- Der Datingteilnehmer, welcher Bier trank, hat seine Datingpartnerin im Kino getroffen.
- Patrick hat Sigrid gedatet, mit der er sich im Park traf.
- Nadja, Stefans Date, musste noch arbeiten, bevor sie sich um 19:00 Uhr trafen.
- Der Datingteilnehmer, welcher Cola trank, traf abends Beate.
- Julia traf ihr Date im Restaurant.
- Thomas hatte sein Date eine Stunde nach Manuel, welcher Sekt trank.
- Der Datingteilnehmer, welcher sich in einer Bar traf, hatte sein Date früher als der Datingteilnehmer, der Wein trank.

269. Wer es macht, sagt es nicht. Wer es kennt, nimmt es nicht. Wer es nimmt, der kennt es nicht. Was ist das?

270. Ein halb volles Glas Bier ist bekanntlich das Gleiche wie ein halbleeres Glas Bier. Wenn man diese Gleichung jetzt mathematisch mit 2 multipliziert, dann müsste das heißen, dass ein volles Glas Bier gleich ein leeres Glas Bier ist, oder?

271. Welches Jahr folgt als Nächstes in der Reihe 1973 1979 1987 1993 1997 1999?

272. Diese Addition zweier Mathematiker ergibt wieder einen Mathematiker: GAUSS+RIESE = EUKLID. Die zehn verschiedenen Buchstaben sollen so durch Ziffern ersetzt werden, dass die Addition mathematisch stimmt.

273.

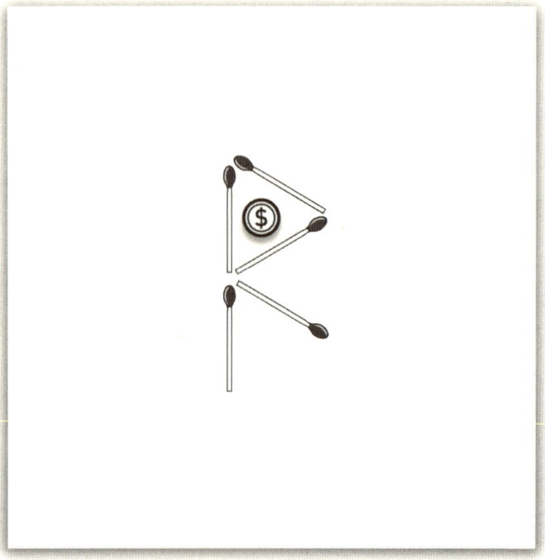

Wie müssen zwei Streichhölzer bewegt werden, damit der Smiley außerhalb des „R" liegt? Die Streichhölzer sollen wieder den Buchstaben „R" formen.

274.

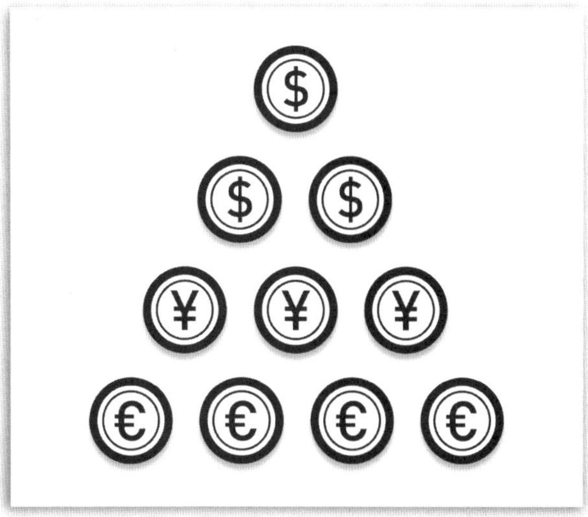

Die Spitze der Pyramide soll nach unten schauen,
dabei dürfen allerdings nur genau 3 Münzen bewegt werden.

275.

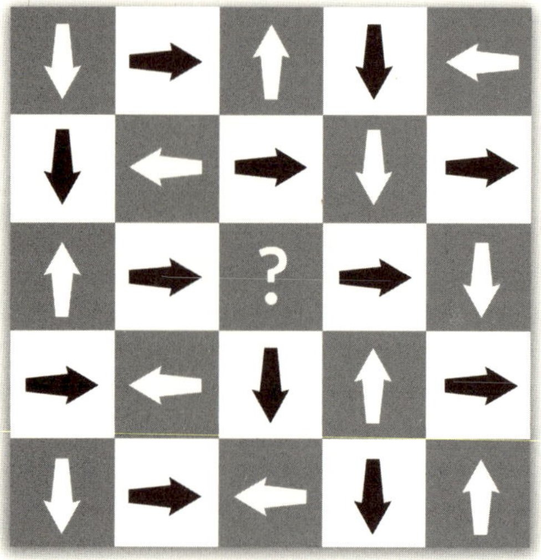

In welche Richtung muss der fehlende Pfeil zeigen?
Dazu musst du erst herausfinden, nach welcher
Logik die Pfeile angeordnet sind.

276. In der Küche des neuen Büros steht eine Schachtel mit Stücken eines Geburtstagskuchens. Vormittags geht Paul in die Küche und isst ein Drittel der Stücke. Etwas später kommt Johannes in die Küche und entnimmt ein Drittel der verbleibenden Süßspeisen. Nachmittags betritt Matthias die Küche und isst wiederum ein Drittel der übrigen Stücke. Nun sind lediglich noch acht Stücke des Geburtstagskuchens in der Schachtel. Wie viele waren zu Beginn in der Schachtel?

277. Der Kilometerzähler eines Autos zeigt 72927 Kilometer an, eine Zahl, die, von hinten gelesen, dasselbe wie von vorne ergibt. Wie weit muss man fahren, bis wieder eine solche Zahl angezeigt wird?

278. Karin und Lena sind zwei Turnerinnen. Karin ist kurz gewachsen. Ihre Freundin Lena hingegen ist sehr groß und überragt Karin um mehr als eine Handbreit. In der Küche wollen die beiden an ein sehr hohes Regal gelangen – dazu stellt sich eine der beiden Turnerinnen auf die Schultern der anderen. Wer muss auf wessen Schultern steigen, damit die beiden möglichst hoch in das Regal fassen können?

279. Eine Mutter ist 21 Jahre älter als ihr Sohn. In 6 Jahren wird das Alter des Sohnes ein Fünftel des Alters seiner Mutter betragen. Wo ist der Vater des Sohnes?

280. Wie viel ist $\frac{1}{2}$ von $\frac{2}{3}$ von $\frac{3}{4}$ von $\frac{4}{5}$ von $\frac{5}{6}$ von $\frac{6}{7}$ von $\frac{7}{8}$ von $\frac{8}{9}$ von $\frac{9}{10}$ von 1000?

281. Ich bin eines Vaters Kind, Kind einer Mutter und doch niemandes Sohn. Wer bin ich?

282. Fünf Seefahrer sind auf einer einsamen Insel gestrandet. Auf der Insel ist nichts außer einigen Kokospalmen und dem einzigen Bewohner, einem Affen. Am ersten Tag sammeln sie alle Kokosnüsse, die sie auf der Insel finden können, und werfen sie auf einen großen Haufen. Sie beschließen, die Kokosnüsse am nächsten Tag gerecht aufzuteilen. Keiner der Schiffbrüchigen traut jedoch dem anderen. Als der Erste von ihnen nachts wach wird, fürchtet er um seinen Anteil und teilt die Beute in fünf gleiche Teile. Eine Kokosnuss bleibt übrig, die er dem Affen zuwirft. Der Seefahrer versteckt seinen fünften Teil, fügt den Rest wieder zu einem Haufen zusammen und schläft weiter. Einer nach dem anderen wacht im Laufe der Nacht auf, und jeder hat die gleiche Idee. Jedes Mal wird der fünfte Teil versteckt, jedes Mal bleibt eine Kokosnuss übrig, die der Affe bekommt. Am nächsten Tag wird die Beute wie vereinbart gerecht auf alle fünf aufgeteilt. Natürlich merkt jeder, dass aus dem Haufen etwas fehlt, aber jeder fühlt sich schuldig und will seine eigene Tat nicht eingestehen. Also werden die Kokosnüsse zu gleichen Teilen verteilt. Diesmal bleibt keine Kokosnuss übrig. Frage: 1. Wie viele Kokosnüsse erhielt der Seefahrer, der als Erster aufgewacht ist (A)? 2. Wie viele Kokosnüsse erhält der Seefahrer, der als Letzter aufgewacht ist (B)? (Gesucht sind die kleinstmöglichen ganzen Zahlen.)

283.

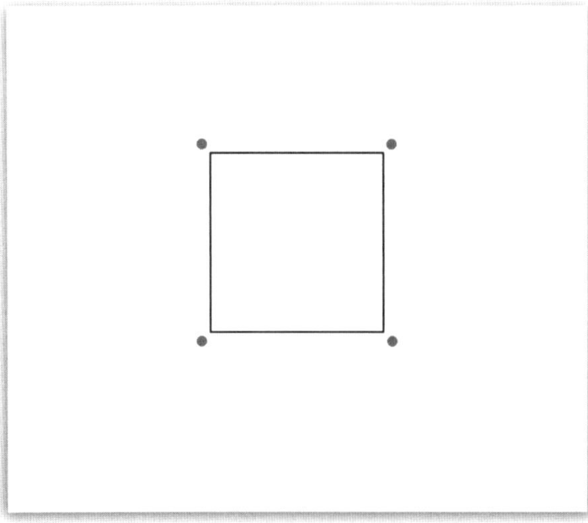

Ein Mann besitzt einen quadratischen Pool, an dessen Ecken jeweils ein Baum steht. Letzte Woche hat er im Lotto gewonnen und möchte nun seinen Pool vergrößern. Die Wasseroberfläche seinen Pools soll doppelt so groß werden. Dabei soll er aber seine ursprüngliche geometrische Form (Quadrat) behalten und es soll kein Baum gefällt oder verpflanzt werden. Er möchte den Pool aber auch nicht an eine andere Stelle in seinem Garten bauen. Wie kann er dieses Problem lösen?

284.

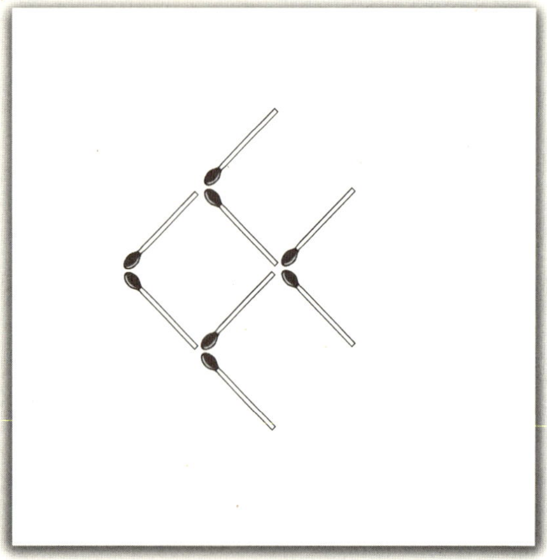

Durch Umlegen von nur drei Streichhölzern soll der „Fisch" in die andere Richtung schwimmen.

285.

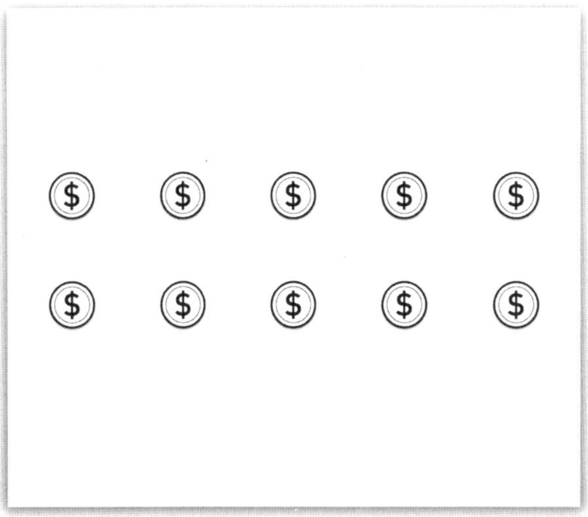

Du siehst 2 Reihen zu je 5 Münzen. Ordne nun die Münzen so um, dass du 5 Reihen zu je 4 Münzen erhältst.

286.

Auf	Klei	nen	Sor	der	Kin
Nar	gen		ne	Wei	ße
cht	ei	ren	gro	der	Kin
Al	send	gro	ne	ros	sen
gen	ni	men	Lie	ße	Klei
tau	te	Sor	tet	kom	be

Auf dem Schachbrett sind Wortschnipsel angeordnet.
Diese wurden so positioniert, wie auch das Pferd
beziehungsweise der Springer beim Schach ziehen
kann (zwei Felder vor und eines zur Seite).
Insgesamt lassen sich drei
Sätze zusammensetzen.

287. Gesucht wird die neunstellige Zahl ABCDEFGHI. Die Ziffern von 1 bis 9 dürfen nur einmal vorkommen und die Zahlen AB, BC, CD, DE, EF, FG, GH, HI müssen aus dem kleinen Einmaleins stammen. Wie lautet die neunstellige Zahl?

288. Eine unendliche Anzahl an Mathematikern stellen sich in einer Reihe am Ausschank eines Bierzeltes an. Der Erste bestellt eine halbe Maß Bier. Der Zweite bestellt eine viertel Maß Bier, der Dritte eine achtel Maß Bier, der Vierte eine Sechzehntel und so weiter. Wie viele Maß Bier wird der Barmann zapfen, um den Bestellungen der Mathematiker nachkommen zu können?

289. Welche positiven ganzen Zahlen werden größer statt kleiner, wenn man von ihrem linken Ende eine Ziffer wegnimmt?

290. Ein Raucher baut aus den Stummeln von drei Zigaretten eine neue zusammen. Im Moment hat er neun Zigaretten, wie viele kann er mit diesem Verfahren rauchen?

291. Gegeben sind zwei Schnüre und ein Feuerzeug. Beide Schnüre haben eine Brenndauer von jeweils einer Stunde und zwanzig Minuten. Sie brennen aber nicht gleichmäßig ab, weswegen man sie nicht einfach halbieren kann und somit genau 40 Minuten bestimmen könnte. Wie kann man mit den Schnüren genau eine Stunde bestimmen?

292. Zwei Matrosen finden ein Fass. Der eine behauptet, es sei mehr als halb voll, der andere ist überzeugt, es ist weniger als halb voll. Wie finden die beiden ohne Messinstrument heraus, wer recht hat?

293. Was bin ich? Ich habe Flügel, rate, Kind, doch flieg ich nur im Kreise; und singen tu ich, wenn der Wind mir vorpfeift, laut und leise; was ihr den Feldern abgewinnt, kau ich auf meine Weise; doch – was mir durch die Kehle rinnt, das mundet euch als Speise.

294.

Wie viele Radios bringen die
vierte Waage ins Gleichgewicht?

295.

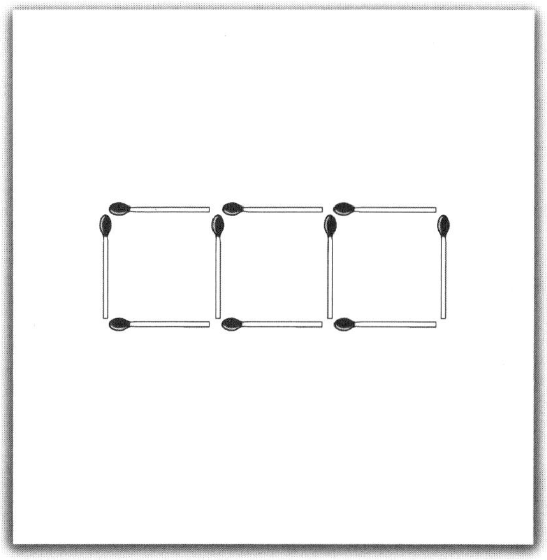

Gegeben sind zehn Streichhölzer, die drei gleichseitige Vierecke ergeben. Entferne nun ein Streichholz und versuche, erneut drei gleichseitige Vierecke zu bilden.

296. In einem Café beträgt die Rechnung am Tisch von drei Personen 15 Euro. Als jeder der Gäste 5 Euro bezahlt haben, stellt die Kellnerin fest, dass sie 5 Euro zu viel berechnet hat. Um die 5 Euro aufzuteilen, haben die Gäste eine Idee: Sie geben der Kellnerin 2 Euro Trinkgeld und nahmen sich je einen Euro. 4 Euro mal 3 Gäste macht 12, plus 2 Euro Trinkgeld 14 Euro. Was passiert mit dem letzten Euro?

297. Matthias sammelt Überraschungseier. Nun hat er vor, seine Sammlung zu zählen. Dazu stellt er die kleinen Überraschungen zuerst in 2er- dann in 3er-, 4er-, 5er- … bis hin zu 10er-Gruppen auf. Allerdings bleibt ihm jedes Mal 1 Überraschungsei-Spielzeug übrig. Wie groß muss seine Sammlung mindestens sein?

298. Im Keller befinden sich drei Lichtschalter, die mit drei Glühbirnen auf dem Dachboden verbunden sind. Du bist im Keller und darfst nur einmal auf den Dachboden gehen. Wie kannst du herausfinden, welcher Schalter zu welcher Glühbirne gehört?

299. Stefan und Peter möchten 2 Kilogramm Zucker mit einer defekten Balkenwaage abwiegen. Defekt ist sie deshalb, da sie zwei ungleich lange Arme hat. Zusätzlich stehen ihnen noch ein 1 Kilogramm Gewicht, ein paar Schalen und jede Menge Zucker zur Verfügung.
Wie sollen Stefan und Peter vorgehen?

300. Kaltes mach ich warm, Heißes mach ich kalt; reich hat mich und arm, wer lang mich hat, wird alt.

301. Auf meinem Weg zur Arbeit traf ich heute einen Mann, der auf einem Feld ein Loch aushob. Ich fragte ihn, wie tief das Loch schon sei. Daraufhin entgegnete er: »Rate mal. Aber ich kann dir sagen, dass ich genau 2 Meter groß bin.« Also hakte ich nach: »Und wie weit willst du noch graben?« Er antwortete: »Die Hälfte hab ich schon. Wenn ich fertig bin, wird mein Kopf doppelt so tief unter der Erde sein, wie er jetzt über den Boden hinausragt.« Wie tief wird das Loch sein, wenn ich auf meinem Nachhauseweg wieder vorbeikomme?

302.

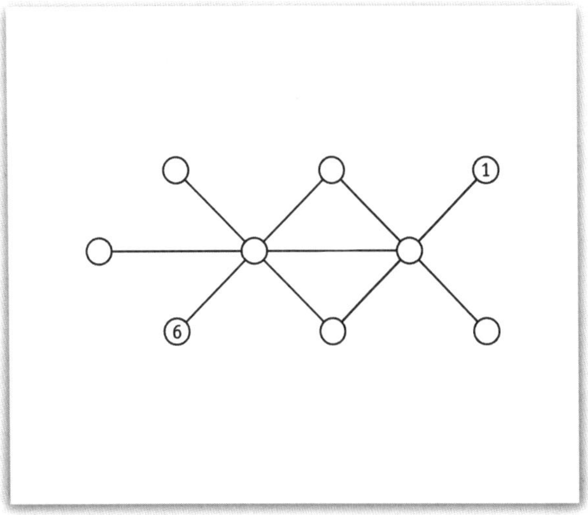

Kannst du die Zahlen von 1 bis 9 so in die Kreise eintragen, dass jede gerade Linie mit drei Zahlen bei Addition 18 ergibt?

303.

Bei einem Wörterdrudel werden mittels Buchstaben, Wörtern und Symbolen bestimmte Begriffe, Redewendungen oder Sprichwörter dargestellt. Was ist hier gemeint?

304. Nach welcher Logik ist diese Zahlenreihe geordnet: 8 3 1 5 9 6 7 4 2?

305. Wenn ein Rad 64 Speichen hat, wie viele Lücken zwischen den Speichen gibt es dann?

306. Zum Bewegen sehr schwerer Lasten bedient man sich manchmal Rollen, die man der Last unterlegt. Eine solche Rolle hat einen Umfang von 50 Zentimetern. Wie weit hat sich die Last fortbewegt, wenn sich die Rolle einmal gedreht hat?

307. Kann man ein viereckiges Stück Papier mit zwei geraden Scherenschnitten in sechs Stücke zerlegen, ohne nach dem ersten Schnitt die Stücke neu anzuordnen oder gar aufeinanderzulegen?

308. Welche Zahl folgt, einer logischen Regel gemäß, nach dieser Zahlenreihe: 2 1 2 4 2 4 2 4 6 2 6?

309. Eine der 1000 Flaschen Wein des Königs wurde vergiftet. Da er nicht weiß, welche, will er seine Gefangenen als Versuchskaninchen verwenden, um es herauszufinden. Das Gift wirkt erst nach einem Monat und ist in jeder Konzentration tödlich. Da der König sehr klug ist, benötigt er nur 10 Gefangene, um nach einem Monat zu wissen, in welcher Flasche das Gift ist. Wie hat er das angestellt?

310. Bitte entschlüssle: 5+6e4p r4e 6wz4e ß03454r hs ß8pßk4r9w

311. Welches Wort passt nicht dazu? Was ist das Ausschlusskriterium? trösten – ernennen – verleihen – versprechen

312. Stellt euch vor, in einem mit Wasser gefüllten, geschlossenen Glaszylinder passt genau eine Sanduhr, die obenauf schwimmt. Die Sanduhr befindet sich im Ruhezustand (Luft im oberen und Sand im unteren Teil). Wird der Glaszylinder umgedreht, steigt die Sanduhr nicht sofort auf, sondern bewegt sich langsam nach oben. Wieso?

313.

Welcher Film wird hier dargestellt?

Tipp: Blutsauger

314.

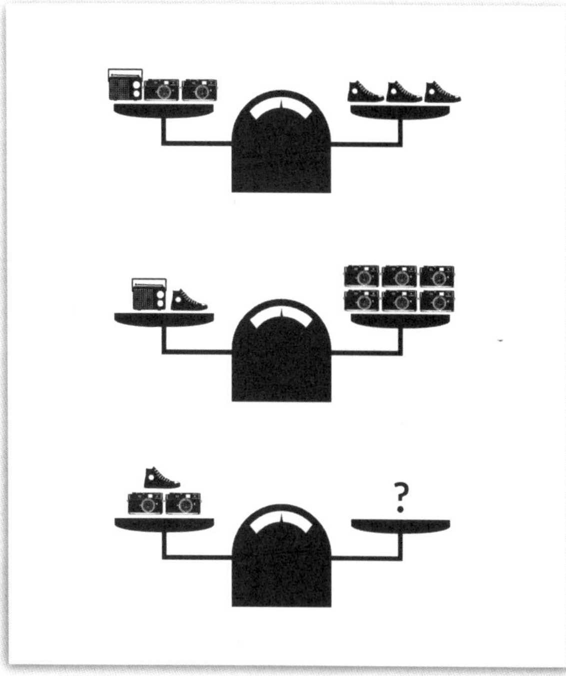

Wie viele Radios bringen die
dritte Waage ins Gleichgewicht?

315.

Die Gleichung ist offensichtlich nicht korrekt.
Wie viele Streichhölzer müssen mindestens umgelegt werden,
um die Gleichung richtigzustellen?

316. Mit U ist's Frau, mit A ist's Mann. Was das wohl sein kann?

317. Wie lautet die nächste Zahl dieser logisch aufgebauten Zahlenreihe: 6, 14, 36, 98, 276?

318. In einem absurden Universum ist die Hälfte von 5 gleich 3. Wenn man von diesen mathematischen Gesetzmäßigkeiten ausgeht, was ergibt dann ein Drittel von 10?

319. Welches Wort passt nicht dazu? Was ist das Ausschlusskriterium?
schmutzig – unsauber – unhygienisch – ekelhaft

320. Einstein-Rätsel: Weltspartag

- Franzi bekam zum Weltspartag einen Rollmeter geschenkt. Sie war nicht dienstags auf der Bank.
- Helene hatte weniger gespart als jene Person, die auf der VKB war. Sie bekam weder einen Rollmeter noch eine Tasse.
- Die Person, die am Montag auf der Bank war, hatte mehr gespart als Matthias, der Kunde der Oberbank ist.
- Am Mittwoch bekam man bei der Bank eine Tasse.
- Die Hypo hatte heuer Malstifte als Weltspartagsgeschenk.
- Paul brachte sein Erspartes am Freitag zur Bank. Er bekam dafür kein Plüschtier.
- Ulf hatte 30 Euro gespart. Er war einen Tag früher auf der Bank als jene Person, die Kunde der Raiffeisenbank ist.
- Die Person, die donnerstags die Sparkasse besuchte, hatte 40 Euro gespart.
- Jene Person, die eine Spardose bekam, hatte auch am meisten gespart.

321. Wenn man ihn benötigt, wirft man ihn weg. Wenn man ihn jedoch nicht mehr braucht, dann holt man ihn wieder zurück. Was ist das?

322. Zu Mittag fährt ein Autobus von A nach B. Eine Stunde später fährt ein Radfahrer von B nach A. Der Radfahrer fährt die exakt gleiche Strecke, nur in entgegengesetzter Richtung. Wenn sich Autobus und Radfahrer treffen, wer von den beiden ist dann weiter von B entfernt?

323. Ein Kind versucht die Anzahl der Stufen einer laufenden Rolltreppe zu zählen. Wenn das Kind entgegen der Fahrtrichtung der Rolltreppe hochgeht, so zählt es 90 Stufen. Wenn es hingegen mit der gleichen Geschwindigkeit hinabgeht, so zählt es nur 60 Stufen. Wie viele Stufen müsste das Kind steigen, wenn die Rolltreppe still stehen würde?

324. Paul hat einen Quader mit den Maßen 12 cm x 10 cm x 5 cm, der an den Außenseiten blau lackiert ist. Wenn Paul den Quader in Würfel mit einer Kantenlänge von 1 cm zerteilen würde, wie viele Würfel wären dann an mindestens einer Seite blau lackiert?

325. Eine Sekretärin schreibt vier Briefe an vier Personen und adressiert die vier Umschläge. Wenn sie die Briefe nun wahllos einsteckt, jeden in einen anderen Umschlag, wie groß ist die Wahrscheinlichkeit, dass genau drei Briefe in den richtigen Umschlag kommen?

326. Drei Wanderer machen eine Pause. Einer von ihnen hat fünf Stück Käse dabei, der Zweite drei Stück Käse und der Dritte hat das Essen vergessen. Sie beschließen, gerecht zu teilen. Der Dritte soll als Entschädigung jedoch acht Euro bezahlen. Wie müssen diese unter den ersten beiden Wanderern aufgeteilt werden, damit sie ihren fairen Anteil bekommen?

327. EZDVFSSA – wofür steht diese Buchstabenreihe und wie setzt sie sich fort?

328. Wer bin ich? Machst du im Wald Bekanntschaft mit mir, liegt die Entscheidung ganz bei dir. Fürs Pianoforte bin ich unerlässlich, es klänge sonst einfach nur grässlich. Und bei jeder Speis', ob Fleisch oder Fisch, triffst du mich an jedem Tisch.

329.

Welcher Film wird hier dargestellt?

Tipp: Der Regisseur feiert am 31. Mai 2013 seinen 83. Geburtstag.

330.

das	pfen	ken	St	st	hlt
cht	Ku	is	hö	mel	ei
Tro	nt	Ste	n	den	er
chen	ni	der	Krü	ei	Was
nn	ter	Bau	icht	nicht	die
er	spr	We	gen	der	schw

Auf dem Schachbrett sind Wortschnipsel angeordnet. Diese wurden so positioniert, wie auch das Pferd beziehungsweise der Springer beim Schach ziehen kann (zwei Felder vor und eines zur Seite). Insgesamt lassen sich drei Sätze zusammensetzen.

331. Zwei Schwestern kenn ich, kannst du es fassen? Die ganz zusammenpassen, jed Werk gemeinsam tun und nachts zusammen ruhn; doch gilt's in kleinsten Fragen Ja oder Nein zu sagen, wirst jedes Mal du sehen, dass die zwei Schwestern auseinandergehen.

332. Am Mittagstisch sitzen ein Großvater, eine Großmutter, zwei Väter, zwei Mütter, vier Kinder, drei Enkel, ein Bruder, zwei Schwestern, zwei Söhne, zwei Töchter, ein Schwiegervater, eine Schwiegermutter und eine Schwiegertochter. Wie viele Teller werden mindestens benötigt?

333. Was ist gelblich orange, streichfähig und hat schnell einen hässlichen Bart?

334. Was bin ich? Ich bin nur nützlich, wenn ich voll bin, bin aber immer voller Löcher.

335. Immer ist es nah, niemals ist es da. Wenn du denkst, du seist dran, nimmt es andern Namen an.

336. Nachdem sich der Kurs einer Aktie verdoppelt hatte, sank er um 20 Prozent. Wie viel kostete die Aktie ursprünglich, wenn sie nun bei einem Kurs von 2,40 Euro liegt?

337. Durch das Dazwischensetzen von (möglichst wenigen) Rechenzeichen und dem Zusammenziehen zu größeren Zahlen soll aus dieser Ziffernfolge eine richtige Gleichung gebildet werden. Die Reihenfolge darf dabei aber nicht verändert werden:
1 2 3 4 5 6 7 8 9 = 100

338. Welcher Buchstabe folgt als Nächster in der Reihe? M V E M J …

339. Welcher der angegebenen Buchstaben fehlt, um aus der Buchstabenreihe ein Wort zu bilden? Wie heißt das Wort? Diese Buchstaben stehen zur Auswahl. 1.: P, 2.: U, 3.: L, 4.: K, 5.: O.
E M L A

340.

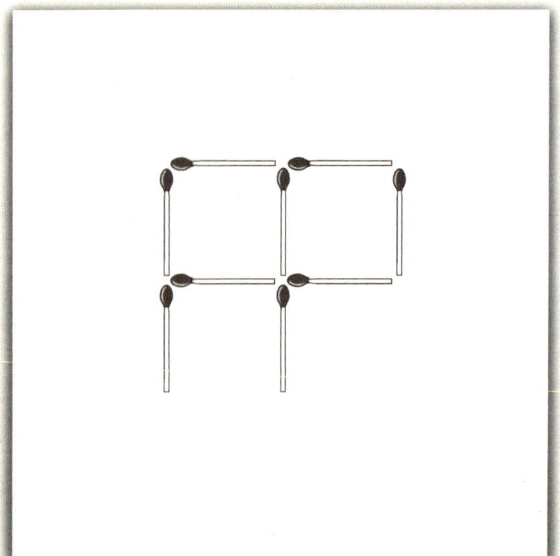

Lege zwei Streichhölzer so um, dass drei gleiche Quadrate mit jeweils einer Streichholz-Seitenlänge entstehen.

341. Ein Bauer muss 3000 Karotten mit einem Karren, der vor einen Esel gespannt ist, von seinem Hof in die 1000 Kilometer entfernte Hafenstadt bringen. Der Esel kann höchstens 1000 Karotten auf einmal befördern und benötigt eine Karotte pro Kilometer als Nahrung. Das heißt, erst wenn der Esel eine Karotte zu fressen bekommen hat, wird er sich einen weiteren Kilometer vorwärtsbewegen. Welche maximale Anzahl an Karotten kann der Bauer mit seinem Esel zur Hafenstadt bringen?

342. Wie könnte sich die folgende Buchstabenreihe wohl fortsetzen: F W B F D S?

343. Peter, Paul und Klaus sind verheiratet mit Maria, Anna und Julia (aber nicht unbedingt in der angegebenen Reihenfolge). Peters Frau und Annas Mann spielen Beachvolleyball mit Julias Mann und Maria. Keine der Frauen spielt zusammen mit ihrem Mann und Klaus spielt nicht mit. Wer ist mit wem verheiratet?

344. Es hat ein Bein, zwei Flügel, rennt nicht, aber läuft. Was ist das?

345. In einer verschlossenen Kiste befinden sich Säcke, die jeweils die gleiche Anzahl an Münzen enthalten. Es befinden sich insgesamt zwischen 150 und 200 Münzen in der Kiste und die Säcke enthalten mehr als nur eine Münze. Würde ich euch die genaue Menge der Münzen verraten, wüsstet ihr, wie viele Säcke in der Kiste sind, und die Zahl der Münzen in einem Sack. Also, wie lautet die Anzahl der Münzen in der Kiste, die der Säcke und die genaue Anzahl an Münzen pro Sack?

346. Im Wasser tu ich meinen Dienst, doch werde ich geteilt, nenn zwei Gedichte Schillers ich dem Leser unverweilt.

347. Zu welcher Uhrzeit nach 16:00 Uhr stehen Minutenzeiger, Stundenzeiger und Sekundenzeiger einer gewöhnlichen Uhr genau übereinander?

348. Welcher Buchstabe fehlt in der angeführten logischen Reihe?
C – S – H – E – ? – S – I

349.

E	E	E
S	S	S
Ä	Ä	Ä
K	K	K

Bei einem Wörterdrudel werden mittels Buchstaben, Wörtern und Symbolen bestimmte Begriffe, Redewendungen oder Sprichwörter dargestellt. Was ist hier gemeint?

350. Ich bin nicht, ich war nicht, ich werde nicht sein.
Du meinst, ich scherze?
Ich sage dir: Nein!
Ich stehe ja sichtlich vor deinem Gesicht, und kannst du mich raten, so nennst du mich nicht.

351. Mein Erstes ist nicht wenig, mein Zweites ist nicht schwer, mein Ganzes lässt dich hoffen, doch hoffe nicht zu sehr.

352. Welches Wort der ersten Gruppe gehört (einer bestimmten Logik nach) zur zweiten Gruppe? 1. Gruppe: KALT ZUCKER ARM DREI 2. Gruppe: MODERN TOR GEFAHREN SIEBEN

353. Wodurch unterscheiden sich folgende Buchstaben von den anderen des Alphabets: C I J L M N S U V W Z?

354. In einem Rennen über 1000 Meter schlägt der Hund die Katze um 75 Meter. Die Katze wiederum schlägt in einem Rennen über 1000 Meter eine Maus um 150 Meter. Mit wie vielen Meter Vorsprung gewinnt der Hund ein Rennen über 1000 Meter gegen die Maus?

355. 22+10 = 8. Unter welchen Umständen ist diese Rechnung richtig?

356. Wie weit muss man im Englischen zählen, bis der Buchstabe »A« in einer Zahl vorkommt?

357. Mein Erstes ist nicht schmutzig; mein Zweites ist nicht rund; mein Ganzes ist ein schlaues Tier, viel schlauer als der Hund.

358. Gestern hatte ich Besuch von vier Freundinnen: Karin, Natalie, Josephine und Tanja. Karin besuchte mich um acht Uhr, Natalie um neun Uhr, Josephine um zehn Uhr und Tanja um elf Uhr. Die genannten Uhrzeiten beziehen sich entweder auf den Vormittag oder den Abend. Folgende Aussagen sind wahr:
Josephines Besuch fand nicht zwischen den Besuchen von Natalie und Tanja statt.

Mindestens eine Freundin besuchte mich zwischen den Besuchen von Karin und Natalie.
Karins Besuch fand nach den Besuchen von Josephine und Tanja statt.
Zu welcher genauen Uhrzeiten, also vormittags oder abends, hatte ich Besuch von meinen vier Freundinnen?

359. Vier Millionen Dominosteine werden in Form eines Dreiecks aufgestellt. In der ersten Reihe steht ein Stein. Dieser kippt die zwei Steine in der zweiten Reihe. Diese kippen die drei Steine in der dritten Reihe usw. Wie lange dauert die ganze Kettenreaktion, wenn man davon ausgeht, dass in einer Sekunde 30 Reihen fallen?

360. Welches Wort passt nicht dazu? Was ist das Ausschlusskriterium?
Flucht – Baum – Auto – Pullover

361. Zwei aßen, was sie nicht hatten, denn hätten sie gehabt, was sie nicht hatten, so wären sie nicht gewesen, was sie waren.

362. Denis ist der Sohn von Elvis. Daher ist Elvis der __________ von Denis' Vater.

363. Es gilt, folgende Zahlen zu entschlüsseln: 1001011001000001001 111001100110 0110.

364.

be	Lei	su	in	dem	Ei
cht	der	auf	ch	fer	Spatz
den	Tau	was	den	fer	Da
Ha	den	als	ft	ei	Ei
die	scha	die	Lei	ser	sucht
schaft	nd	Bes	ist	mit	ne

Auf dem Schachbrett sind Wortschnipsel angeordnet. Diese wurden so positioniert, wie auch das Pferd beziehungsweise der Springer beim Schach ziehen kann (zwei Felder vor und eines zur Seite). Insgesamt lassen sich zwei Sätze zusammensetzen.

365.

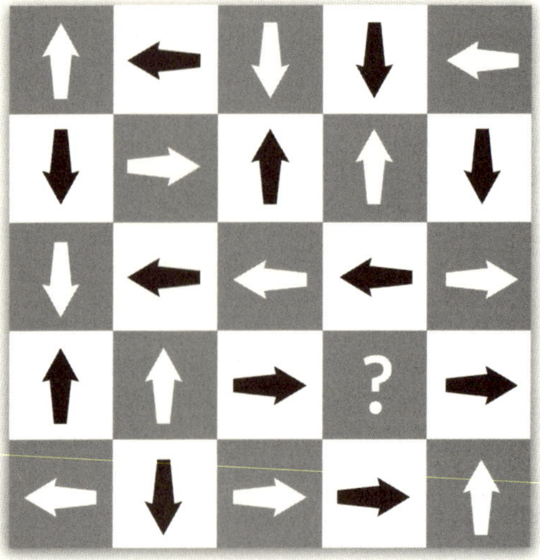

In welche Richtung muss der fehlende Pfeil zeigen?
Dazu musst du erst herausfinden, nach welcher
Logik die Pfeile angeordnet sind.

LÖSUNGEN

1. Ich bin die Gravitation beziehungsweise Schwerkraft. Meine drei Verwandten sind die drei anderen Grundkräfte der Physik: die elektromagnetische Wechselwirkung, die schwache und die starke Kernkraft.

2. Die Reihe steht für die Anfangsbuchstaben der englischen Zahlwörter »One«, »Two«, »Three«, »Four« ... und setzt sich daher mit E (»Eleven«) fort.

3. Nadja hat bereits genug Geld für zwei Riegel (oder ist sehr knapp darunter), Sigrid hat bei Weitem nicht genug Geld für einen Riegel (z.B. nichts) dabei.

4. Zwischen den Umrundungszeiten von Alois und Bert liegen 4 Minuten. Dieser zeitliche Abstand vergrößert sich linear pro Umrundung des langsameren Läufers Alois. Sobald der zeitliche Abstand mit der Umrundungszeit des schnelleren Läufers Bert übereinstimmt, wird Alois von Bert überrundet. Dies geschieht nach zweimal 12 Minuten, also nach 24 Minuten.

5. Wenn man jeden zweiten Buchstaben nimmt, ergibt das ZEHNBUCHSTABEN, entfernt man diese, bleibt EINPFLANZENNAME übrig.

6. Die Schule

7. Das Pferd ist kein Paarhufer.

8. Das Gewissen

9. »L ist (gleich) ›ig‹«. Das ergibt »Listig«.

10. Auch ein blindes Huhn findet mal ein Korn.
Abwarten und Tee trinken.
Besser ein Ende mit Schrecken als ein Schrecken ohne Ende.

11. *BANG BOOM BANG – Ein todsicheres Ding* aus dem Jahr 1999 von Regisseur Peter Thorwarth. »Bang« und »Boom« sind Schallwörter, auch Onomatopoetika genannt.

12. Die Aufteilung muss wie folgt durchgeführt werden:
Der 5-Liter-Krug wird angefüllt, es bleiben also drei Liter im 8-Liter-Eimer. Nun befüllt man mit dem 5-Liter-Krug den 3-Liter-Krug. Nun verbleiben zwei Liter im 5-Liter-Krug. Der volle 3-Liter-Krug wird in den 8-Liter-Eimer entleert, in welchem sich nun sechs Liter befinden. Die zwei Liter im 5-Liter-Krug werden in den 3-Liter-Krug entleert. Jetzt wird der 5-Liter-Krug mit dem Inhalt des 8-Liter-Eimers gefüllt. Nun befinden sich ein Liter im 8-Liter-Eimer, fünf Liter im 5-Liter-Krug und zwei Liter im 3-Liter Krug. Mit dem 5-Liter-Krug füllt man mit einem Liter den 3-Liter-Krug voll und gießt dessen Inhalt in den 8-Liter-Eimer. Der 5-Liter-Krug sowie der 8-Liter-Eimer enthalten jetzt genau vier Liter.

13. Die Nadel ist kein Schneidewerkzeug.

14. Die Einkaufspreise für das Pferd ergeben zusammen 140 Euro, die Verkaufspreise ergeben zusammen 160 Euro. Die Differenz daraus beträgt 20 Euro, die somit sein Gewinn sind.

15. Es sind 18 Schweine und 14 Gänse in der Scheune.
Bei 32 Köpfen/Tieren bedeutet dies, dass diese mindestens 64 Beine haben. Jedes Schwein hat zwei zusätzliche Beine. Somit müssen die übrigen 36 Beine (100-64 = 36) auf die 18 Schweine (36÷2 = 18) verteilt werden. Die restlichen Tiere sind also 14 Gänse (32-18 = 14).

16.

Nadja	Sigrid	Emma	Viktoria	Beate	Julia	
		x				Adler
	x					Blume
					x	Degen
			x			Glocke
x						Schwein
				x		Vogel
				x		Glück
			x			Erbschaft
					x	Veränderung
x						Glück im Spiel
		x				Erfolg im Beruf
	x					Neue Freundschaft
					x	2. Versuch
			x			Löffel gleitet aus der Hand
	x					Kerze auslöschen
				x		Schüssel umwerfen
x						Tisch ankleckern
		x				Verbrennung

17. Die beiden Ticketnummern sind dreistellige Zahlen, die sich um eins unterscheiden. Wenn die letzte Ziffer des ersten Tickets nicht neun wäre, dann würden sich die Ziffernsummen um 1 unterscheiden, damit wäre aber die Ziffernsumme der zweiten Zahl 11, was ja nicht sein kann. Daher muss die letzte Ziffer der ersten Ticketnummer 9 gewesen sein. Wenn nun die mittlere Ziffer der ersten Ticketnummer nicht auch 9 wäre, dann hätten beide Ticketnummern die gleiche Parität (gerade oder ungerade), und ihre Summe könnte nicht 21 (ungerade) sein, daher ist die mittlere Ziffer der kleineren Ticketnummer ebenfalls 9. Die kleinere Zahl hat also die Form x99, wobei x die noch zu bestimmende höchste Ziffer (kleiner als 9) ist. Die größere Zahl ist dann $(x+1)\times100$, und die Ziffernsumme beträgt $x+9+9+(x+1)+0+0 = 21$. Daraus ergibt sich $x = 1$, die Ticketnummern lauten also 199 und 200.

18. Sie spielen nicht (ausschließlich) gegeneinander.

19. Die Antwort lautet »Ja«. Nehmen wir an, es gibt genau acht Millionen Menschen in Österreich. Wenn jeder Einwohner eine andere Anzahl von Haaren hätte, dann gäbe es acht Millionen verschiedene positive ganze Zahlen, von denen jede kleiner wäre als acht Millionen. Und das ist unmöglich!

20. Ich (der Großvater) bin 84 Jahre alt.
a = mein Alter (Großvater), b = Alter des Sohnes, c = Alter des Enkels
$a+b+c = 140$
$365c = 52$
$= 365c \div 52$
$12c = a$

$12c+365c \div 52 + c = 140$
$624c+365c+52c = 7280$
$1041c = 7280$
$c = 6{,}99$ bzw. 7
wenn $12c = a$, dann ist $a = 84$.

21. Die Zahlen (in ausgeschriebener Form) sind alphabetisch geordnet, und zwar rückwärts von Z bis A.

22. Es müssen vier Streichhölzer umgelegt werden.

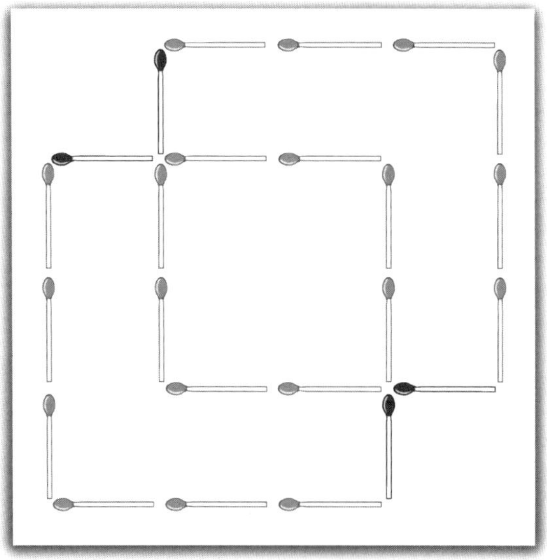

23. Ag = Silber (als Element des Periodensystems) und Zeit, nach oben versetzt, ergibt »Silber-hoch-zeit«, also »Silberhochzeit«.

24. Die erste Zeile bildet die Musteranordnung der Pfeile (rechts – rechts – oben – links – links). Jede weitere Zeile beginnt mit den letzten zwei Pfeilen der vorherigen Zeile und setzt besagte Musteranordnung in einer Schleife fort. Die letzte Zeile beginnt mit oben – links und setzt sich mit links – rechts fort. Daher fehlt noch der zweite Pfeil (rechts) der obigen Musteranordnung.

25. In der Nacht sind alle Katzen grau.
Buchen sollst du suchen, Eichen sollst du weichen.
Des einen Leid ist des anderen Freud.

26. Hier eine Lösungsmöglichkeit: A 1, G 2, B 3, H 4, C 5, E 6, D 7, F 8.

27. Bauer A verkauft seine Eier normalerweise für 0,33 Euro pro Ei. Bauer B verkauft seine Eier üblicherweise für 0,50 Euro pro Stück. Bei einem Preis von 2,00 Euro für fünf Eier kostet ein Ei jedoch 0,40 Euro. Bei diesem Stückpreis kosten 60 Eier in der Summe 24 Euro. 30 Eier zum Preis von 0,33 Euro und 30 Eier zum Preis von 0,50 Euro sind in der Summe jedoch 25 Euro. Der Euro verschwindet somit durch den geänderten Einzelpreis.

28. Es reicht ein Schnitt aus, zum Beispiel in Form eines Kreises, sodass der Ketchupfleck in die Mitte »gedreht« werden kann.

29. Die Kerze

30. Der Eiffelturm – die Zahlen bilden die Koordinaten.

31. Ja, es geht. Hier ein Beispiel:
M = Martina; H = Heinz; E = Elsa;

Ziel	**Anzahl**	**M vor H**	**H vor E**	**E vor M**
MHE	8	8	8	0
EMH	7	7	0	7
HEM	6	0	6	6
HME	3	0	0	0
EHM	4	0	0	4
MEH	2	2	0	0
Summe	**8**	**17**		

Elsa läuft 17-mal vor Martina durchs Ziel,
Martina vor Elsa nur 30-17 = 13-mal.

32. Man startet sowohl die 5-Minuten-Uhr als auch die 7-Minuten-Uhr. Nach 5 Minuten ist die 5-Minuten-Uhr fertig, diese wird sofort wieder umgedreht. 2 Minuten danach ist auch die 7-Minuten-Uhr fertig, auch diese wird sofort wieder umgedreht. Wenn die 5-Minuten-Uhr dann wieder fertig ist, sind insgesamt 10 Minuten abgelaufen. Die 7-Minuten-Uhr ist dann wieder 3 Minuten gelaufen, somit kann man sie einfach wieder umdrehen, dann laufen diese 3 Minuten wieder ab: 5+5+3 = 13.

33.

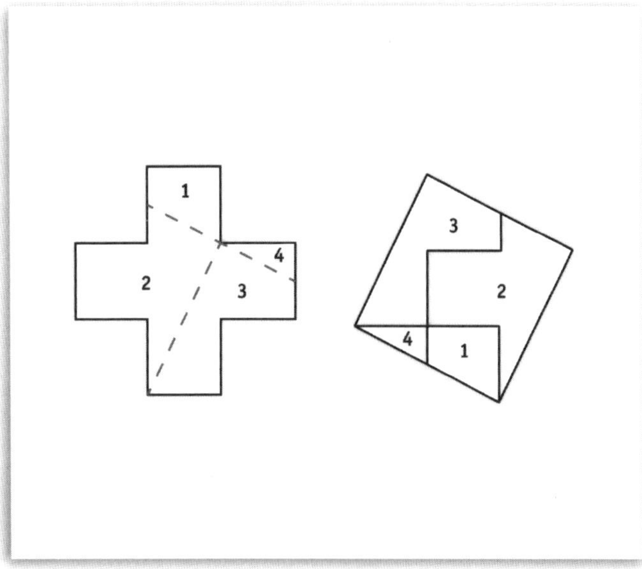

34.

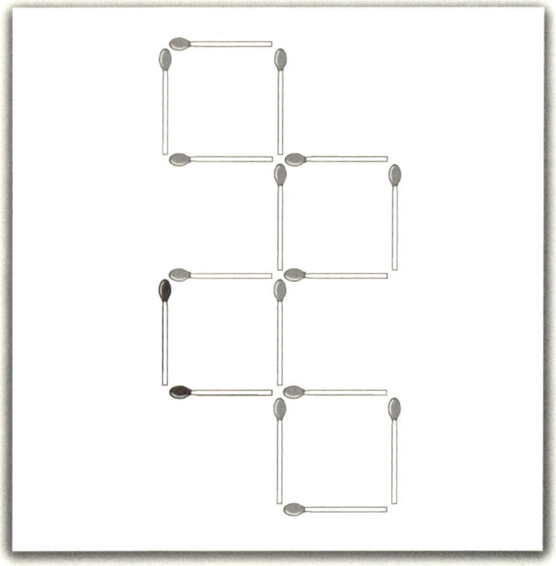

35. *Anatomie* aus dem Jahr 2000 von Stefan Ruzowitzky. Die Hauptfigur und Medizinstudentin Paula (Franka Potente) belegt einen Anatomie-Kurs an der Universität Heidelberg.

36. *Das weiße Rauschen* aus dem Jahr 2002 von Regisseur Hans Weingartner und Co-Regisseur beziehungsweise Drehbuchautor Tobias Amann. Daniel Brühl spielt die Hauptrolle.

37. Es ist nicht möglich, da auf einem Schachbrett mit 25 Feldern ungleich viele schwarze und weiße Felder sind. Da ein Springer bei jedem gültigen Zug auf einem andersfarbigen Feld als sein Ausgangsfeld landet, würde immer mindestens ein Springer übrig bleiben.

38. Trampolin

39. Lage – egal

40. In der Schachtel liegen 12 grüne, 24 weiße, 11 blaue und 19 rote Knöpfe.
Dies wird durch folgende Gleichung eruiert:
$2x\ (=\text{weiß}) + x (=\text{grün}) + x - 1 (=\text{blau}) + x + 7 (=\text{rot}) = 66$
$(2 \times x) + (x - 1) + (x + 7) + x = 66$
$5 \times x = 60$
$x = 12$ grüne Knöpfe ⇨ 24 weiße Knöpfe, 11 blaue Knöpfe, 19 rote Knöpfe

41. Es gibt keine Möglichkeit, da auf einem Schachbrett ein schwarzes Feld immer neben einem weißen Feld liegt. Wenn ein Dominostein zwei Felder bedeckt, handelt es sich dabei immer um ein schwarzes und ein weißes Feld. Die diagonal gegenüberliegenden Felder sind aber gleichfarbig, also sind ungleich viele schwarze und weiße Felder vorhanden. Damit ist eine vollständige Abdeckung nicht möglich.

42. Es war bereits Tag, als der Mann nach Hause ging.

43. Alle 30 Minuten legt eine Fähre von der Südspitze Manhattans ab. Eine halbe Stunde später erreicht sie den New Yorker Bezirk Staten Island. Für Touristen ist hier der Weg das Ziel. Vom Schiff aus hat man eine herrliche Sicht auf die Wolkenkratzer von Lower Manhattan, die Freiheitsstatue und Ellis Island. Sich während der guten Stunde auf Hin- und Rückfahrt einmal auszuruhen und den Blick über das herrliche Panorama schweifen zu lassen ist erfreulicherweise ein kostenloses Vergnügen.

44. In einer Bibliothek stehen die Bücher mit dem Buchrücken sichtbar zum Betrachter. Links befindet sich somit der hintere Buchdeckel, die letzte Seite, alle weiteren Seiten bis zu ersten Seite und zuletzt der vordere Buchdeckel. Der Wurm frisst sich also nur durch den vorderen Buchdeckel des Bandes 1 (5 Minuten), durch den hintern Buchdeckel und durch den gesamten 2. Band sowie dessen vorderen Buchdeckel (5 Minuten plus 45,5 Minuten plus 5 Minuten) und zuletzt durch den hinteren Buchdeckel des 3. Bandes.

45. Der Rennfahrer muss unendlich schnell fahren. Es ist ihm nicht mehr möglich, eine Durchschnittsgeschwindigkeit von 60 Kilometer pro Stunde zu erreichen, da die dafür benötigte Zeit bereits für die erste Runde verbraucht wurde.

46. Die Wahrscheinlichkeit, dass Sigrid gewinnt, liegt bei 75 Prozent. Diese Chance setzt sich aus der Chance, beim nächsten Spiel zu gewinnen (50 Prozent), und der Chance, erst beim übernächsten Spiel zu gewinnen (25 Prozent), zusammen. Eine faire Aufteilung wäre daher 3:1 (75 Prozent und 25 Prozent).

47. Die ersten beiden Aussagen müssen von Frau Rot und/oder Frau Grün stammen. Damit trägt Frau Weiß keine rote Bluse, sie muss also eine grüne Bluse tragen. Damit bleibt für Frau Rot die weiße und für Frau Grün die rote Bluse.

48. Ein Komma (2 < 2,3 < 3)

49. Die Zahlenreihe (3369927128) besteht eigentlich aus zwei Reihen, die sich abwechseln: 3(+3) = 6(+3) = 9(+3) = 12(+3) = 15 und 3(×3) = 9(×3) = 27(×3) = 81. Es fehlen also die Zahl 1 der Zahl 81 aus der zweiten Zahlenreihe und die Zahl 1 der Zahl 15 aus der ersten Zahlenreihe.

50. Über all den angeführten Maßeinheiten steht »schön«: »Über alle Maßen schön«.

51. Entlang der Diagonale von links oben bis rechts unten wurden die Pfeile gespiegelt. Das gespiegelte Pendant zum Feld mit dem Fragezeichen ist der zweite Pfeil von links der untersten Reihe. Dieser Pfeil zeigt nach links. Der fehlende Pfeil muss in dieselbe Richtung zeigen.

52. Zwei Streichhölzer:

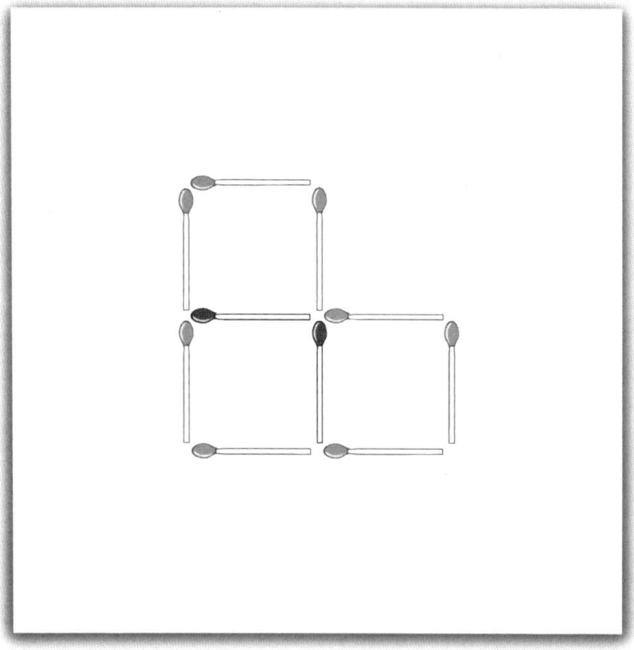

53. 4 Stück für 1,20 Euro,
6 Stück für 1,40 Euro,
4 Stück für 1,70 Euro.

54. Das Wort »kalt« beschreibt keinen Aggregatszustand.

55. Der Bauer hatte am Morgen drei Melonen.

56. Die Zahlen in der Gruppe A sind größer als die Summe aller Zahlen (außer sich selbst), durch die sie teilbar sind. Beispiel: 1+2+5 < 10. In der Gruppe B sind alle Zahlen kleiner ist als die Summe aller Zahlen (außer sich selbst), durch die sie teilbar sind. Beispiel: 1+2+3+4+6 > 12. Die Zahl 6 fehlt, weil die Zahlen, durch die sie teilbar ist, genau 6 ergeben (1+2+3 = 6).

57. Der alte Mann schrieb die Worte »dein genaues Gewicht« auf den Zettel.

58. Drehe die Revolverkammer nicht. Die Chance, dass sich die leere Kammer vor den zwei Kugeln befand, beträgt eins zu vier, also 25 Prozent. Die Überlebenschance beträgt bei sofortigem Abdrücken somit 75 Prozent. Bei erneutem Drehen hat man lediglich eine Überlebenschance von vier zu sechs, also zwei Drittel (66,7 Prozent).

59.

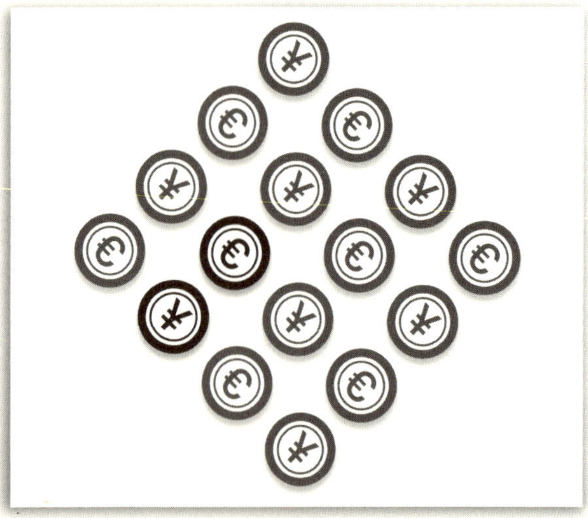

60. Das Wort »nichts« inmitten einer Ansammlung des Wortes »Lärm«: »Viel Lärm um nichts«.

61. Die Pfeilfolge erstreckt sich vom ersten Feld oben links bis zum achten Feld beziehungsweise zum dritten Feld von links der zweiten Zeile (unten – rechts – unten – oben – links – rechts – oben – unten). Diese Anordnung wird zeilenweise fortgeführt. Im Feld mit dem Fragezeichen muss demnach der weiße Pfeil nach links zeigen.

62. Die gesuchte Zahl ist 236 und die Ziffernsumme ist 11. Es kommen lediglich die beiden Primzahlen 2 und 3 als Lösung infrage, da bei den Produkten anderer Primzahlen immer eine zweistellige Zahl herauskommt und das Ergebnis nicht vierstellig sein darf.

63. Die Wörter »ungehobelt«, »unhöflich« und »ungezogen« können synonym gebraucht werden, »unehrlich« nicht.

64. Die Frau wird ihr nächstes Kind Lara nennen. Sie folgt der Solmisation Do-Re-Mi-Fa-So-La …

65. Der Buchstabe S fehlt – das gesuchte Wort ist »Tischtuch«.

66. Die Zahlen lauten 50123 und 49876: 50123-49876 = 247.

67. MA, MJ (JA: Juli, August; SO: September, Oktober; ND: November, Dezember; JF: Januar, Februar; MA: März, April; MJ: Mai, Juni).

68. Ein Netz

69. Die Markierung bleibt bei 1,10 Meter, da Bäume nur am oberen Ende des Stammes in die Höhe wachsen.

70. Das Wasser

71. Ganove ist das einzige Wort, das nicht aus dem Arabischen stammt (es stammt aus dem Jiddischen).

72.

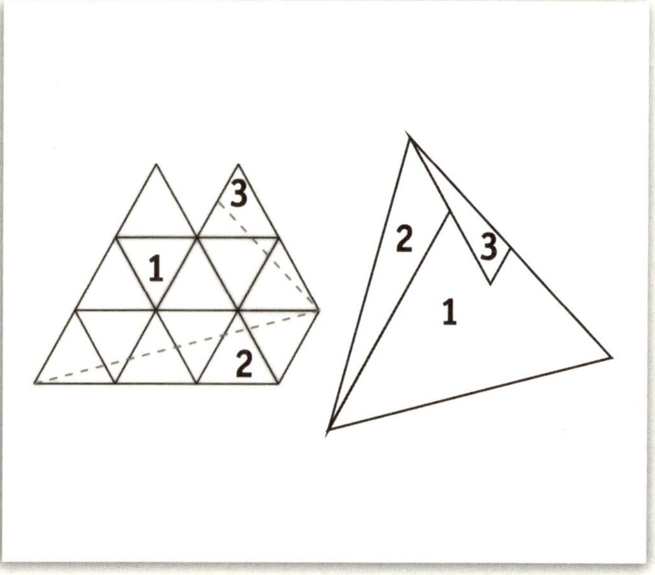

73.

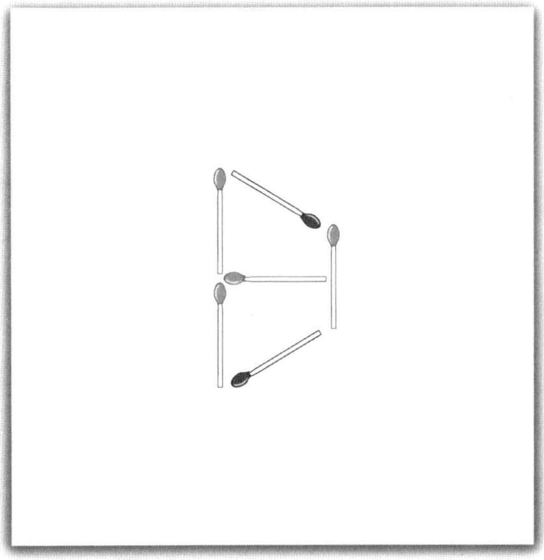

74. Der Buchstabe M

75. Das nächste Ziel ist Montréal. Der Zwerg bereist nämlich die Städte der olympischen Sommerspiele.

76. Er stellte sich auf einen Eisblock. Als dieser schmolz, wurde er erhängt.

77. Der Bauer ist eine Schachfigur.

78. Das Preisgeld ist unter Hut 1.
Hut 1: Die erste Aussage. »Das Preisgeld ist nicht unter diesem Hut« ist falsch. Die zweite Aussage. »Das Preisgeld befindet sich unter Hut 2« ist ebenfalls falsch.

Hut 2: Die erste Aussage »Das Preisgeld ist unter Hut 1« ist richtig. Die zweite Aussage »Das Preisgeld ist unter Hut 3« ist falsch.
Hut 3: Die erste Aussage »Das Preisgeld ist nicht unter diesem Hut.« ist richtig und die zweite Aussage »Das Preisgeld ist unter Hut 1« ist ebenfalls richtig.

79. Organ, Orkan.

80. Die Reihe setzt sich mit OSO fort. (Es handelt sich um die Himmelsrichtungen.)

81. Kleine Geschenke erhalten die Freundschaft.
Der Weg zur Hölle ist mit guten Vorsätzen gepflastert.
Jede Münze hat zwei Seiten.

82.

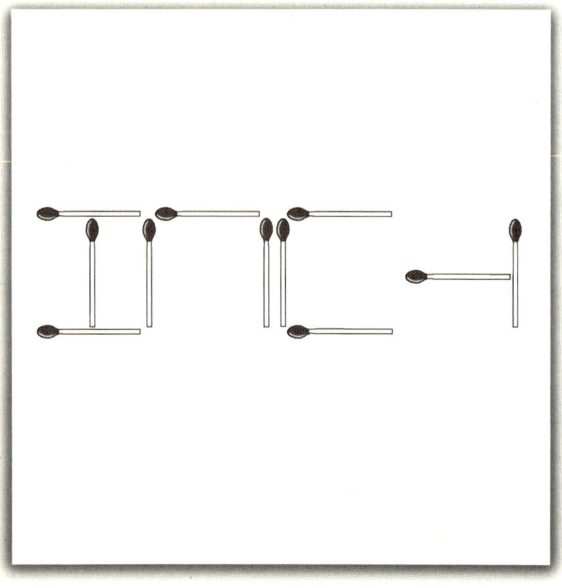

83. Die Pfeile der äußeren Felder starten oben links beginnend im Uhrzeigersinn mit der Musteranordnung der Pfeile unten – oben – rechts – links. Bei der vierten Wiederholung der Musteranordnung fehlt zum Schluss der Pfeil, der nach links zeigt.

84. Sie spielen im Doppel miteinander.

85. Es handelt sich um die Schere.

86. Hier die Lösung:

	Anton (3P)	**Björn (2,5P)**	**Carl (2P)**	**Daniel (1,5P)**	**Erwin (1P)**
Anton (3P)	x	Björn gewinnt	Anton gewinnt	Anton gewinnt	Anton gewinnt
Björn (2,5P)	Björn gewinnt	x	Remis	Remis	Remis
Carl (2P)	Anton gewinnt	Remis	x	Carl gewinnt	Remis
Daniel (1,5P)	Anton gewinnt	Remis	Carl gewinnt	x	Daniel gewinnt
Erwin (1P)	Anton gewinnt	Remis	Remis	Daniel gewinnt	x

87. $100 = 7x+5y+0{,}5z$
$100 = x+y+z$
Es können 2 Gleichungen mit jeweils 3 Variablen gebildet werden. Nun kann eine Variable frei gewählt werden. Die anderen Variablen kann man nach dieser berechnen.
Eine Lösung wäre:
7 Fische
1 Huhn
9 Leberpasteten

88. Karo-Ass, Herz-König, Pik-Zwei.

89. Anton Albertson wurde 84 Jahre alt. $(\frac{1}{6}+\frac{1}{12}+\frac{1}{7})x+5+\frac{x}{2}+4 = x$
$\Leftrightarrow 9 = (1-\frac{1}{2}-\frac{1}{6}-\frac{1}{12}-\frac{1}{7})x = \frac{9}{84}x$
$\Rightarrow x = 84.$

90. Da Affe und Bananenstaude gleich schwer sind und die Kräfte des aufsteigenden Affen sich auf beide Massen gleichmäßig auswirken, gewinnen beide auch gleichmäßig an Höhe.

91. Die zweite Waage verrät uns, dass drei Kameras so viel wiegen wie sechs Busse. Somit wiegt eine Kamera so viel wie zwei Busse. Zwei der Busse der ersten Wägung werden von einer Kamera ausbalanciert, die restlichen zwei Busse von den drei Radios. Drei Radios der dritten Waage wiegen demnach so viel wie die Kamera auf der rechten Waagschale. Die verbleibenden drei Radios werden von weiteren zwei Bussen ausbalanciert.

92. Ja, es funktioniert. Die Toffifees liegen hier in einer Packung, in der sie in 4 Reihen à 5 Stück angeordnet sind. Um immer mit einem Springer-Zug zum nächsten Toffifee zu kommen, ist folgende Lösung möglich (bei A beginnend, dann dem Alphabet folgend):

L	A	R	E	N
Q	F	M	J	S
B	K	H	O	D
G	P	C	T	I

93. Das Verhältnis der Seiten des Puzzles ist entweder 12 zu 5 (beziehungsweise 60 Teile) oder 8 zu 6 (beziehungsweise 48 Teile).

94.

Sigi	Helene	Paul	Franziska	Stefan	
	x				Schirmchen
				x	Palme
x					Strohhalm
			x		Früchte
		x			Blätter
			x		Caipirinha
x					Cuba Libre
				x	Mojito
		x			Pina Colada
	x				Margarita
	x				Zu Hause
				x	Restaurant
x					Bar
			x		Disco
		x			Hotel
	x				Basteln
x					E-Mail
				x	Fernsehen
			x		Kreuzworträtsel
		x			Lesen

95. Der Buchstabe L fehlt – das gesuchte Wort ist »Lagerhalle«.

96. Achtmal die Silbe »ung« ergibt »Acht-ung«, also »Achtung«.

97.

98.

	Marc	Sue	Nicky	Stephanie	Mat
Strohhut		x			
Blumenkette			x		
Turban				x	
Sonnenbrille	x				
Schal					x
Donnerstag					x
Freitag		x			
Samstag	x				
Sonntag			x		
Montag				x	
Gate 11				x	
Gate 21					x
Gate 13	x				
Gate 8			x		
Gate 15		x			
Übergepäck				x	
Verdächtiges Gepäckstück					x
Rauchen			x		
Gepäck verloren		x			
Flüssigkeit	x				

99. Gesucht wurde das Puzzlestück.

100. Vier Münzen. Drei Münzen werden auf dem Tisch in Form eines Dreiecks angeordnet und die vierte Münze liegt in mittig auf diesen Münzen.

101. In beiden Gläsern befindet sich gleich viel Flüssigkeit.

102. Der Gepard vertilgt in einer Stunde $^{1}/_{3}$ des Zebras, die Hyäne nur $^{1}/_{6}$. In 10 Minuten frisst der Löwe $^{1}/_{6}$, der Gepard ein $^{1}/_{18}$ und die Hyäne $^{1}/_{36}$ des Zebras. Das ergibt insgesamt $^{9}/_{36}$ beziehungsweise $^{1}/_{4}$. Wenn in 10 Minuten $^{1}/_{4}$ verzehrt wird, dann ist in 40 Minuten das gesamte Zebra aufgefressen.

103. *Das Experiment* aus dem Jahr 2001 von Regisseur Oliver Hirschbiegel. Der Film ist an das Stanford-Gefängnisexperiment (Stanford-Prison-Experiment) angelehnt, das im Jahr 1971 an der Stanford-Universität durchgeführt wurde.

104.

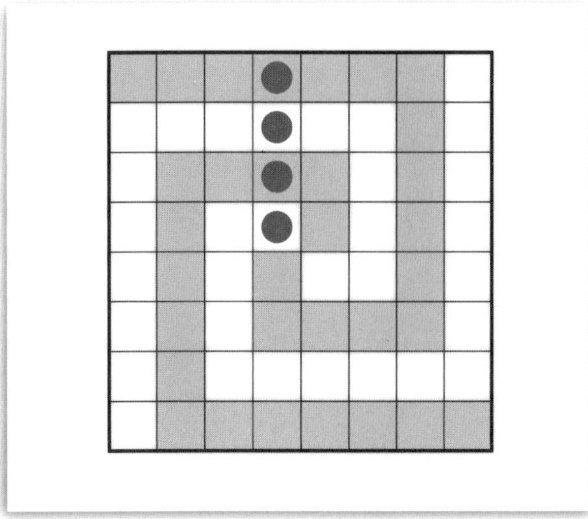

105. Beim Durchschreiten des Ausgangs wird keine längere Strecke zurückgelegt.

106. Eine Kastanie.

107. Dieser Satz enthält 1-Mal die 0, 10-Mal die 1, 2-Mal die 2, 1-Mal die 3, 1-Mal die 4, 1-Mal die 5, 1-Mal die 6, 1-Mal die 7, 1-Mal die 8 und 1-Mal die 9.

108. Die Raupe benötigt 8 Tage.

109. Der »Kopf« wurde 12-mal geworfen. Folgende Gleichung lässt sich aufstellen, wobei x für die Anzahl des Ergebnisses »Kopf« steht und y für die Anzahl des Ergebnisses »Zahl« steht:
$2x = (20-x)3$

2x = 60-3x
5x = 60
x = 12

110. Die Reihe besteht zu Beginn aus jeder zweiten Zahl der Fibonacci-Folge: 1, 3, 8, 21 und setzt sich dann mit 17711, 46368, 121393 fort.

111.

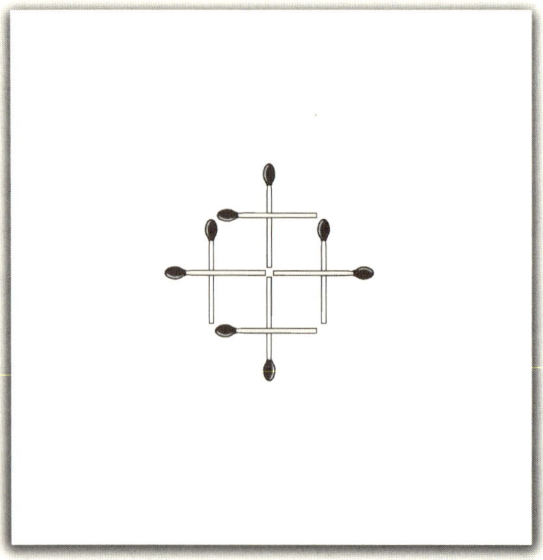

112. Die Predigt ist eine einseitige Konversation, also ohne aktive Beteiligung der Zuhörer.

113. Das Magnetfeld.

114. Der gesuchte Begriff ist »falsch«.

115. Man gelangt zur Lösung, wenn man eine Geradengleichung aufstellt:

- X = richtiger Euro-Betrag
- Y = richtiger Cent-Betrag

  $X+Y \div 100$ hätte er bekommen sollen. Bekommen hat er aber $Y+X \div 100$. Zieht man von diesem Betrag 5 Cent ab, so erhält man das Doppelte des richtigen Betrages.
  $X \div 100+Y-0{,}05 = 2 \times (X+Y \div 100)$ ergibt durch Umformulierung $Y = (199 \div 98) \times X+5 \div 98$
  Dieser Ausdruck stellt eine Geradengleichung dar. X und Y sind natürliche ganze Zahlen, die im Intervall $0 < X < 100$ liegen. Es gibt es nur eine ganzzahlige Lösung, nämlich $X = 31$ und $Y = 63$. Somit hätte Paul 31 Euro und 63 Cent Wechselgeld erhalten müssen. Die Rechnung betrug 100-31,63 = 68,37 Euro.

116. Radfahren stellt keine arbeitende beziehungsweise bearbeitende Tätigkeit dar.

117. Die sechste Zahl lautet 130 und die Zahlenreihe dazu 4, 6, 10, 18, 34, 66.
Und so funktioniert es: Um das Rätsel zu knacken, müssen Sie die Aufgabe praktisch zurückrechnen. 4 ist 1 größer als 3. Da 3 die Hälfte der folgenden Zahl ist, lautet diese 6. 6 minus 1 wiederum ergibt 5. Das Doppelte davon ist 10. Die Zahlenreihe setzt sich nach diesem Schema fort. Die sechste Zahl ist daher die 130.

118. MDM–DFSS, es handelt sich um die Anfangsbuchstaben der Wochentage.

119. Nein. Um zur Lösung zu gelangen, färbt man die Käsewürfel gelb und weiß ein. Und zwar immer abwechselnd, wie bei einem dreidimensionalen Schachbrett. Die acht Ecken sind also alle gelb, die zwölf Kanten neben den Eckwürfeln sind weiß, die sechs Würfel jeweils in der Mitte einer Seitenfläche sind wieder gelb und das eine Zielfeld im Inneren ist dann natürlich weiß. Es gibt also 8+6 = 14 gelbe Würfel und 12+1 = 13 weiße Würfel. Bei jeder Bewegung wechselt die Maus die Farbe des Käsewürfels. Sie startet auf einem gelben Eckwürfel und muss deshalb auch auf einem gelben Würfel aufhören, davon gibt es ja einen mehr. Das Zielfeld ist aber weiß und kann daher nicht als Letztes gefressen werden.

120. L = Limonade
C = Cola
F = Fruchtsaft
Es ergeben sich folgende Behauptungen:
30 Prozent der Schüler trinken alles (LCF).
0 Prozent (30 LF – 30 LCF) mögen Fruchtsaft und Limo, jedoch keine Cola.
0 Prozent (30 CF – 30 LCF) mögen Fruchtsaft und Cola, jedoch keine Limo.
10 Prozent (40 LC – 30 LCF) mögen Limo und Cola, jedoch keinen Fruchtsaft.
10 Prozent (50 C – 40 LC) mögen ausschließlich Cola.
30 Prozent (70 L – 40 LC) mögen ausschließlich Limo.
=> 100-30-10-10-0-0-30-0 = 20 Prozent, die ausschließlich Fruchtsaft mögen.
20 Prozent der Schüler mögen also ausschließlich Fruchtsaft.

121. Er hat 11 Tauben, 10 Wildtauben und 9 Spatzen gekauft.
Für eine Taube bezahlt die Person theoretisch $^1/_3$ Münze, für eine Wildtaube $^1/_2$ Münze und für Tauben 2 Münzen.
x = Anzahl der Spatzen
y = Anzahl der Wildtauben
z = Anzahl der Tauben
x,y,z sind positiv und größer als null.
$^x/_3+^y/_2+2z = 30$ (Münzen)
$x+y+z = 30$ (Vögel)
$2x+3y+12z = 180$
$2x+2y+2z = 60$
$y+10z = 120$
$y = 120-10z$

$$2x+240-20z+2z = 60$$

$$x = 9\times(z-10)$$

Die Anzahl der Wildtauben z kann weder kleiner als 10, genau 10 noch 12 sein, da sonst entweder die Anzahl der Spatzen oder die Anzahl der Tauben null oder sogar darunter wäre. Die richtige Antwort lautet daher: 9 Spatzen, 10 Wildtauben und 11 Tauben.

122. Es handelt sich um Drillinge oder Mehrlinge.

123. Die Kamele wurden einfach getauscht.

124. Ein Wörterbuch.

125. Die Zähne.

126. Der Buchstabe I fehlt – das gesuchte Wort lautet »Zeitvertreib«.

127. Die nächsten zwei Buchstaben, die aus geraden Strichen gebildet werden können, sind N und T.

128. Mit der Umrandung sind Buchstaben zu erkennen, die (von oben rechts beginnend) im Uhrzeigersinn das Wort »HERRLICH« ergeben.

129. Von oben links beginnend, folgt man den Pfeilen gegen den Uhrzeigersinn spiralartig bis zum Zentrum des schachbrettartigen Feldes. Dabei folgt die Pfeilanordnung einer Logik. Die Pfeile zeigen nach rechts – unten – links – oben und anschließend diese Folge rückwärts (oben – links – unten – rechts). Danach beginnt die Folge wieder von vorne. Der fehlende Pfeil muss als nach links zeigen.

130. Ist der Ruf erst ruiniert, lebt es sich recht ungeniert.
Was du heute kannst besorgen, verschiebe nicht auf morgen.

131. Mit diesen Strichen kann das Wort »TAXI« in Blockbuchstaben gebildet werden.

132. Es waren 47 Karten im Spiel.
Ein Lösungsweg:'
Zuerst versuchen wir es mit den angegebenen 52 Karten: Hier würden beim Aufteilen auf neun Personen sieben Karten übrig bleiben (52÷9 = 5 mit 7 Rest). Bei welcher Zahl würden zwei Karten (bzw. bei der Division durch neun 2 als Rest) übrig bleiben? Man probiert alle Zahlen in absteigender Reihenfolge durch: 51 (6 Rest), 50 (5 Rest) usw. 47 ist also eine mögliche Lösung. Sehen wir nach, ob die Zahl mit der restlichen Angabe vereinbar ist: 47÷4 = 11 (mit Rest 3), das stimmt also. 47÷7 = 6 (mit Rest 5), auch das stimmt also. Die Lösung ist 47. Man landet schließlich bei 47:47÷9 = 5 mit Rest 2.

133. Man bildet zwei Stapel mit 14 und 9 Karten. Im Stapel mit den 9 Karten liegen k (Variable zwischen 0 und 9) Karten mit Kreuzen nach oben. Da insgesamt 14 Kreuze nach oben zeigen, liegen im Stapel mit den 14 Karten somit 14 – k Karten mit dem Kreuz und k Karten mit dem Kreis nach oben. Dreht man diesen Stapel um, so sind es k Kreuze, die nach oben zeigen. Nun sind in diesem Stapel genauso viele (nämlich k) Karten mit dem Kreuz nach oben wie im Stapel mit den 9 Karten.

134. Lösung: A-B-C-B-A-B-C-A-B-C-B-A-B-C. Zum Schluss fragt man noch einen C-ler (abwechselnd lügend/die Wahrheit sagend): »Woher stammst du?« – »Aus B.« Dies ist eine Lüge. »Wie viele Bs waren am Tisch?« – »6.« Das muss wiederum die Wahrheit sein. »Waren so viele As wie Cs anwesend?« – »Nein.« Hier lügt der Gast wieder. Daraus folgt, dass gleich viele As wie Cs am Tisch saßen.

135. Man nehme vom ersten Becher eine Kugel, vom zweiten Becher zwei Kugeln, vom dritten Becher drei Kugeln und so weiter.
Die Gesamtmenge sollte nun 550 Gramm wiegen (10 Gramm+20 Gramm+30 Gramm usw.) Es werden aber weniger sein, und zwar 1

Gramm weniger, wenn die Kugeln im ersten Becher leichter sind, 2 Gramm weniger, wenn die Kugeln im zweiten leichter sind, und so weiter.

136. Popcorn.

137. Zweimal das Wort »Angst«, das sich berührt: »Berührungsängste«.

138. Wenn man davon ausgeht, dass zwei Mönche gleichzeitig starten, einer am Gipfel und einer im Tal und beide um 06:00 Uhr, dann müssen sich die beiden einmal am Weg begegnen. Wenn sie an diesem Punkt nun ihre Uhren vergleichen, werden beide dieselbe Uhrzeit zeigen. Der genaue Punkt, an dem sie sich treffen, kann allerdings nicht bestimmt werden.

139. Der Neurotiker kauft fünf Achterpackungen der High-Energy-Batterien, eine Viererpackung mittlerer Qualität und 94 einzelne Batterien der Billigschiene. Hier der Rechenweg:
x = Anzahl der Batterien der Billigschiene
y = Anzahl der Viererpackungen mittlerer Qualität
z = Anzahl der Achterpackungen der High-Energy-Batterien
$0{,}5 \times x + 3 \times y + 10 \times z = 100$ (Euro)
$x + y + z = 100$ (Produkte)
$x, y, z >= 1 \Rightarrow$
$x = 94$
$y = 1$
$z = 5$

140. Man muss 415 Kugeln ziehen. Im ungünstigsten Fall zieht man alle Kugeln mit den Zahlen 1 bis 9 (45 Stück) sowie jeweils neun Kugeln von den anderen Zahlen (41 Zahlen). Das ergibt $45 + 41 \times 9 = 414$ Kugeln. Die nächste Kugel ist die zehnte zu neun bereits gezogenen Zahlen.

141. Keiner. Nach dreimal Falten hat er 8 Lagen Papier und kommt somit auf die achtfache Menge.

142. Die Türfarben lauten wie folgt von links nach rechts: orange – braun – grün – rot – gelb – violett – blau. Die blaue Türe ist der Ausgang.

143. 2010 vor Christi war Erik 20, 2005 vor Christi 25 Jahre alt.

144. DAVID. Die römische Zahl für 500 ist D. Der Buchstabe »V« ist die römische Zahl 5. »A« ist der erste Buchstabe des Alphabets und »I« ist die erste Zahl. König David wird im Alten Testament der Bibel als König von Juda angeführt.

145. Die richtige Antwort ist FEST. Man verwendet den ersten Buchstaben des ersten Wortes, den zweiten Buchstaben des zweiten Wortes usw.

146. 33 $^{1}/_{3}$ Tassen. Der Koffeingehalt beträgt 3 Prozent. Hundert Tassen würden drei regulären Tassen Kaffee entsprechen. 3 passt in 100 genau 33 $^{1}/_{3}$-mal.

147. Eber – Rebe
Leben – Nebel
Gras – Sarg
Lager – Regal
Die – Eid
Not – Ton
Bart – Trab
Egal – Lage
Lieb – Beil
Rot – Tor

148.

Armin	Johanna	Thomas	Christine	Andrea	
	x				Montag
		x			Dienstag
				x	Mittwoch
			x		Donnerstag
x					Freitag
		x			Bruder
			x		Mutter
	x				Onkel
x					Tante
				x	Vater
	x				Vanillekipferl
x					Lebkuchen
			x		Linzeraugen
		x			Nusstaler
				x	Zimtsterne

149. Die Zwiebel wurde gesucht.

150. Dem Gärtner bleiben sechs Samen übrig. Der Gärtner hat x Pflanzen mit je x Samenkapseln mit je x Samen. Er hat somit x^3 Samen. x^3 durch 7 = Anzahl für jeden+Rest für den Gärtner. Bei einer geraden Anzahl von Pflanzen bleibt stets ein Samen übrig, bei einer ungeraden Anzahl bleiben stets sechs Samen übrig.
Da von ein paar übrig gebliebenen Samen die Rede ist, stimmt letztere Lösung.

151. Die Stille

152. Das Wort »da« steht hinter dem Wort »kommen«: »dahinterkommen«.

153.

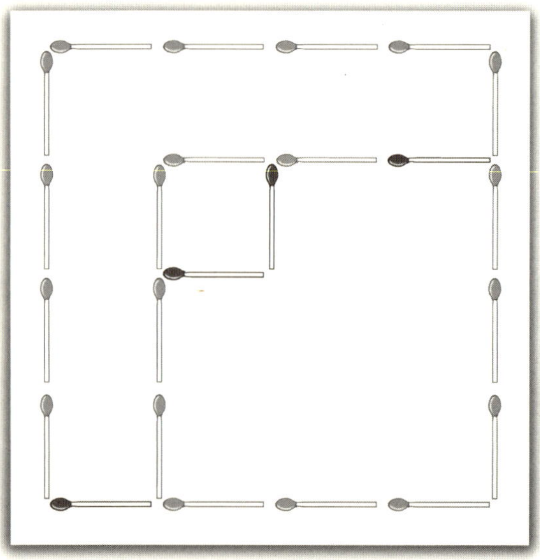

154. Natürlich KEINE! Das Schiff ist ja nicht einbetoniert.

155. Lösung: Die Zahl lautet 142857
Mal 1 ⇨ 142857
Mal 2 ⇨ 285714
Mal 3 ⇨ 428571
Mal 4 ⇨ 571428
Mal 5 ⇨ 714285
Mal 6 ⇨ 857142

Es gibt übrigens noch viele weitere
Zahlen mit ähnlichen Eigenschaften.
Beispiele:
1176470588235294
1304347826086956521739
1034482758620689655172413793

156. Es ist 13:30 Uhr. Da auch zur vollen Stunde nur ein Schlag ertönte, muss der zweite Schlag 13:00 Uhr angezeigt haben.

157. Sonntag. Bevor G seine Meinung äußert, wurden sämtliche Wochentage bereits genannt. Da kein genannter Wochentag zweimal vorkommen kann, ist jener Tag richtig, den G ausschließt.

158. Der Buchstabe N fehlt – das gesuchte Wort lautet »Straßenbahn«.

159. Im Regal stehen mindestens 9 Uhren:
o x o o o x o o o
x = Kuckucksuhr
o = normale Uhr
Die zweite und die sechste Uhr sind Kuckucksuhren. Der Trick hier ist, dass bei der Zählung in der Angabe (Sechste von links, Achte von rechts) auch die andere Kuckucksuhr mitgezählt wird.

160. Glück im Spiel. Pech in der Liebe.
Früh übt sich, was ein Meister werden will.
Ein leichter Schlag auf den Hinterkopf erhöht das Denkvermögen.

161. Das Wort »Eis« hoch 3 (Kubik = ist der Rauminhalt eines Würfels): »Eiswürfel«.

162. Das Wort lautet »FALLE«. Der erste senkrechte Strich bildet mit den zwei ersten schwarzen Vierecken der ersten Spalte den Buchstaben »F«. Der zweite und dritte senkrechte Strich bilden mit den zwei Vierecken der zweiten Spalte den Buchstaben »A« usw.

163. A = alte Bahnhöfe
N = neue Bahnhöfe
Anzahl der neuen Karten = K
Für neue Karten gilt:
$K = A \times N \times 2 + N \times (N-1)$

Jeder alte Bahnhof braucht zu jedem neuen Bahnhof eine Karte ($A \times N$) und auch jeder neue zu jedem alten ($\times$ 2) und noch dazu (+) brauchen die neuen Bahnhöfe untereinander Karten ($N \times (N-1)$, da jeder neue Bahnhof (N) für jeden anderen neuen Bahnhof (N-1) eine Karte braucht)
In der Frage wurde auf »neue Bahnhöfe« (Mehrzahl) verwiesen, weshalb mindestens zwei Bahnhöfe neu sein müssen.
Formel nach A aufgelöst:
$A = (K - N \times (N-1)) \div (N \times 2)$

Für $N = 2$ ist $A = 8$, also gibt es insgesamt 10 Bahnhöfe (davon 2 neue).

Andere Lösungen für N ergeben keine ganzen Zahlen.

164. Im Wort »Kurier« kommt kein Vokal zweimal vor.

165. Sieben Menschen: 7 mal 2 ergibt 14 Beine

Echsen haben bekanntlich 4 Beine und Menschen 2 Beine. Um auf 70 Beine zu kommen, bei denen die Echsen mit der doppelten Anzahl der Menschen vertreten sind, kann man rechnen:
$x = 2y$ = Anzahl der Echsen

y = Anzahl der Menschen
$4 \times (2y) + 2 \times y = 70$
$y = 7$
Es sind somit 7 Menschen (14 Beine) und 14 Echsen (56 Beine) anwesend beziehungsweise 14+7 Kopfträger = 21 Köpfe. Fehlen also noch 6 Schlangenköpfe, um auf eine Kopfanzahl von 27 zu gelangen.

166. Die richtige Antwort wäre »5« gewesen, da die Zahl Zwölf fünf Buchstaben hat und der Wächter die Anzahl der Buchstaben wissen wollte.

167. Armin hatte anfangs 50 Euro und Bernd 30 Euro.
Im ersten Schritt gibt Armin Bernd 30 Euro. Damit hat Armin 20, Bernd 60.
Dann gibt Bernd Armin 20 Euro. Damit hat Armin 40, Bernd ebenfalls 40.
Dann gibt Armin Bernd 40 Euro. Damit hat Bernd 80, Armin 0.

168. Der Fahrgast hat in kleinen Münzen gezahlt, sodass er die 50 Cent auch hätte passend bezahlen können.

169.

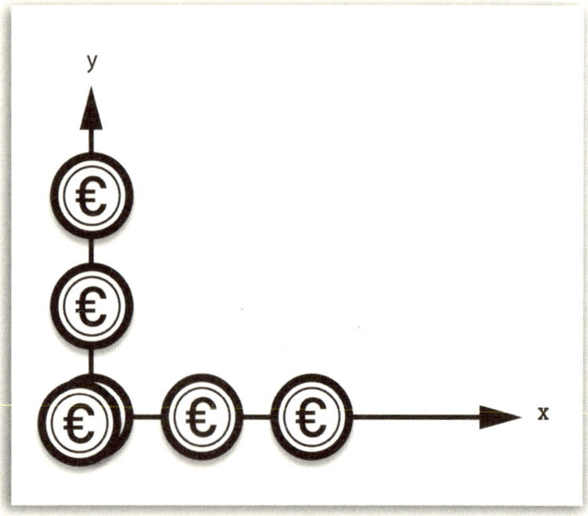

Man legt die vierte Münze der x-Achse auf den Nullpunkt des Koordinatensystems.

170. Nach 20,58 Sekunden. Stefan Schnell muss 12 Strecken zwischen zwei Fähnchen passieren, um zum 13. Fähnchen zu gelangen. Um zum 20. Fähnchen zu gelangen, muss er also 19 Strecken hinter sich legen. Für die 12 Strecken benötigt Stefan Schnell 13 Sekunden. Daher gilt: $(13 \div 12) \times 19 = 20{,}583333$ Sekunden.

171. Eine Briefmarke

172. Vier. Die Väter können Großväter sein und sind definitiv Söhne.

173. Zwei Wortphrasen ergeben jeweils ein Anagramm eines Instruments, das typisch für das Genre Jazz ist: Klarinette (Anker Titel), Gitarre (Rar Teig), Klavier (Via Kerl), Posaune (Opas Neu), Kontrabass (Satans Korb) und Trompete (Meter Top).

174. Es hängt vom Verhältnis der Dicke des Bandes zum Radius der leeren Spule ab. Ist sie wesentlich kleiner als der Radius, so nähert sich die Zeit, welche zum Aufspulen eines Viertels des Bandes benötigt wird, einem Viertel der Gesamtzeit an. Ist das Band aber dick oder die Spule zu Beginn vernachlässigbar klein, nähert sich die Zeit der Hälfte der Gesamtzeit an.

175. In der Kelvin-Skala liegt der sogenannte absolute Nullpunkt bei null Kelvin. Das entspricht 273 Grad Celsius, kälter geht es nicht! Da ein direkter Zusammenhang der beiden Einheiten besteht, lässt sich das Rätsel mit simplen Umformungen lösen: 0 Grad Celsius = 273 Grad Kelvin. Die doppelte Kälte beträgt somit $273 \div 2 = 136{,}5$ K. Das entspricht -136,5 Grad Celsius.

176. Wer im Glashaus sitzt, sollte nicht mit Steinen werfen.

177. Die Ziege kann 30,71 Quadratmeter Gras fressen. Die Formel lautet: 2-mal das Kreissegment mit Höhe 2,5m = $2 \times (r^2 \times \arccos(1 - h \div r) - \sqrt{(2 \times h \times r - h^2) \times (r-h)})$, mit $r = 5$m und $h = 2{,}5$m.

178. Entlang der Diagonale vom rechten oberen Feld bis zum linken unteren Feld folgen die Pfeile der Folge: oben – unten – oben

– (Feld mit dem Fragezeichen) – oben. Das Feld mit dem Fragezeichen muss also einen Pfeil nach unten enthalten. Die übrigen Pfeile folgen keiner besonderen Logik (sie zeigen alle nach oben).

179. Dieses Rätsel ist schnell gelöst. Die Addition der Gegenstände auf der rechten Waagschale der ersten Waage und der linken Waagschale der zweiten Waage ergeben die Gegenstände auf der linken Waagschale der dritten Waage. Somit ist die Lösung des Rätsels die Addition der Schuhe der ersten und zweiten Wägung. Fünf Schuhe bringen also die dritte Wägung ins Gleichgewicht.

180. Sie benötigen zusammen 2 Stunden.
Um die Lösung zu erhalten, rechnet man den jeweiligen Verzehr auf 1 Stunde (60 Minuten) hoch:
Fred isst 27 Brownies in 60 min (laut Angabe).
Vicki isst 12 Brownies in 60 min (2 mal 6).
Sigi isst 21 Brownies in 60 min (7 mal 3).
Wenn also alle 60 Minuten lang essen, verdrücken sie 60 Brownies (27+12+21). Die doppelte Anzahl essen sie also in der doppelten Zeit, d.h. in 120 Minuten oder 2 Stunden.

181. MONTAG – es handelt sich um einen Morsecode, wobei A = lang und B = kurz.

182. Bei dem gesuchten Begriff handelt es sich um die Hose.

183. Die Nacht

184. Der Wecker

185. Der Bus nach Norden fährt eine Minute vor dem nach Süden. Dadurch wird die Wahrscheinlichkeit, dass er den Bus nach Norden erwischt, neunmal so hoch wie die, dass er den Bus nach Süden erwischt.

186. Der Bauer bringt die Ziege ans andere Ufer, kehrt um und holt den Krautkopf. Diesen setzt er ebenfalls am anderen Ufer ab und nimmt die Ziege wieder zurück zum Ufer, wo der Wolf wartet. Der Bauer lässt die Ziege aussteigen und rudert mit dem Wolf ans andere Ufer. Nun fährt er alleine zurück zur Ziege und holt sie in sein Boot. Nach der letzten Überfahrt hat er seine Tiere und den Krautkopf sicher an das andere Ufer gebracht.

187. Die Lösung lautet »RAETSEL«. Jeder Buchstabe entspricht dem Zahlenwert, welchen dieser an der Stelle im Alphabet einnimmt. So steht der Buchstabe »R« an der 18. Stelle, der Buchstabe »A« an der ersten Stelle und so weiter. Nun wurde jeder entsprechende Zahlenwert in Binärcodes umgewandelt. Die 18 wird beispielsweise als »10010« dargestellt. In der Abbildung des Rätsels steht ein schwarzes Kästchen für 1 und ein weißes Kästchen für 0, wobei diese spaltenweise gelesen werden müssen.

188. Zu Beginn waren es 36 Donuts. Am Montag isst er ein Drittel, am Dienstag auch, Mittwoch und Donnerstag zusammen sechs Stück, Freitag die Hälfte vom Rest, also bleibt am Montag die andere Hälfte noch da. Das heißt, wenn er noch drei vorfindet, die ein Zwölftel ergeben, sind es zusammen 36 Donuts.

189. **188.**

	Platz 1	Platz 2	Platz 3	Platz 4	Platz 5	Platz 6
Julia		x				
Bernhard						x
Charlotte			x			
Johannes					x	
Emma	x					
Fritz				x		
Schnitzel				x		
Risotto	x					
Salat					x	
Strudel						x
Schweinebraten		x				
Suppe			x			
0,50 €				x		
0,60 €	x					
0,70 €						x
0,80 €		x				
0,90 €					x	
1,00 €			x			

190. Georg hat drei Brüder und drei Schwestern. Somit hat jedes Mädchen in der Familie zwei Schwestern und vier Brüder (Georg zählt auch dazu).

191. Die Fälschung wird mutwillig begangen.

192. Es gibt drei Lösungen:

$20 \times 41 + 16 \times 29 + 2 \times 13$ oder
$24 \times 41 + 9 \times 29 + 5 \times 13$ oder
$28 \times 41 + 2 \times 29 + 8 \times 13$

$1310 = x \times 41 + y \times 29 + z \times 13$ ⇨ erste Formel
$x + y + z = 38$ ⇨ zweite Formel
$1310 = (38 - y - z) \times 41 + y \times 29 + z \times 13$ ⇨ einsetzen
$1310 = 1558 - 41y - 41z + 29y + 13z$ ⇨ vereinfachen
$-248 = -12y - 28z + 124 = 6y + 14z$
$62 = 3y + 7z$ ⇨ hier muss man dann probieren
$y = 2$ (58)
$z = 8$ (104)
$x = 28$ (1148) ⇨ x kann einfach berechnet werden
$28 \times 41 + 2 \times 29 + 8 \times 13 = 1310$

193. Mein Name.

194.

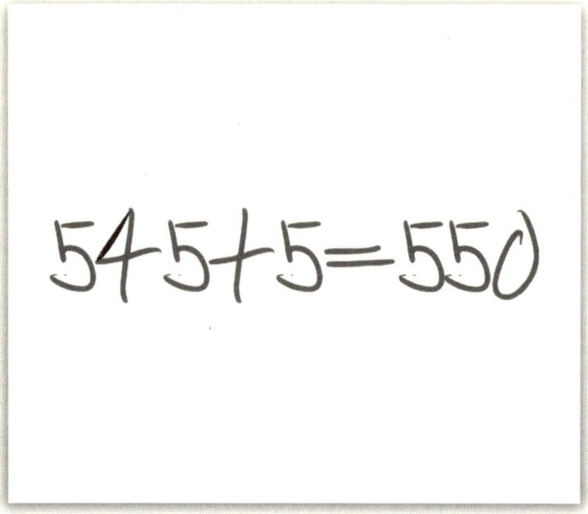

195. *Gegen die Wand* von Regisseur Fatih Akin aus dem Jahr 2004. Das »vs.« auf der abgebildeten Wand ist die Abkürzung für versus (lateinisch für »gegen«), welches im Englischen oft bei Sportveranstaltungen verwendet wird. Die Schauspielerin Sibel Kekilli spielt die Rolle der Shae in der von Home Box Office produzierten Fernsehserie *Game of Thrones*.

196. Im Gurkenglas befinden sich 48 Murmeln. Da keine identischen Schätzungen gemacht wurden, muss eine Schätzung um 7 zu hoch und die andere um 7 zu niedrig gewesen sein. Das heißt, dass diese zwei gesuchten Schätzungen um 14 Einheiten auseinanderliegen. Dies trifft nur auf die Zahlen 41 und 55 zu. Addiert man nun die 7 zu 41 beziehungsweise subtrahiert man die 7 von 55, erhält man die gesuchte Zahl 48.

197. Tag 1 – Sonntag: »Ich lüge an Montagen und Dienstagen.« Am Sonntag lügt sie. Da sie nur an einem Tag in der Woche die Wahrheit spricht, folgt aus dieser Aussage, dass sie entweder am Montag oder am Dienstag die Wahrheit spricht. Am Tag 2 (Montag) lügt sie ebenfalls, weshalb sie am Dienstag die Wahrheit sagt.
Tag 2 – Montag: »Heute ist entweder Dienstag, Samstag oder Sonntag« ist gelogen.
Tag 3 – Dienstag: »Ich lüge an Mittwochen und Freitagen« ist die Wahrheit.

198. Einer trug fünf Mehlsäcke und der andere sieben.

199. Beide »Begriffe« bedeuten »Rätsel des Tages«. Dazu wurden zuerst auf der gebräuchlichen QWERTZ-Tastaturbelegung jene Buchstaben bedient, die bei der alternativen (und ergonomischeren) Dvorak-Tastaturbelegung bedient hätten werden müssen. Der zweite Begriff zeigt jene Buchstabenfolge, die bei Einstellung der Dvorak-Tastatur mit der herkömmlichen Schreibweise auf der QWERTY-Tastatur aufscheint.

200. Kuckucksmuskulatur

201. Alle vier Autos bogen rechts ab.

202. Der Teller in der Mikrowelle dreht sich. Judith lässt den Becher kurz weiterdrehen, damit der Henkel greifbar zur Öffnung der Mikrowelle hin steht.

203. Gesucht wurde die Waschmaschine.

204. Man nimmt das zweite Glas und schüttet den Inhalt in das fünfte Glas (und stellt es anschließend wieder zurück).

205. Die Dunkelheit

206. Die Söhne liehen sich ein Kamel aus und hatten damit 18 Tiere. Der Erste bekam die Hälfte, also neun Tiere; der zweite Sohn ein

Drittel, also sechs Kamele, und der Jüngste ein Neuntel und damit zwei Tiere. Zusammengerechnet sieht das so aus: 9+6+2 = 17. Jetzt konnten sie das geliehene Kamel wieder zurückgeben.

207. Dies ist der Fall, wenn man die römischen Zahlen verwendet und diese horizontal in der Mitte teilt: X; IX; XI; XII ==> V; IV; VI; VII.

208. Angenommen, die Temperatur liegt bei 20 °C, dann liegt die Schallgeschwindigkeit bei 343,42 Meter pro Sekunde.
Bei acht Geschwindigkeitsverdoppelungen würde die Geschwindigkeit des fiktiven Hundes 256 Meter pro Sekunde und nach der nächsten bereits 512 Meter pro Sekunde betragen. Ab dieser Geschwindigkeit kann der Hund den Aufschlag der Dose nicht mehr hören. Er kommt also mit 512 Meter pro Sekunde in Paris an.

209. Proband A sieht zwei weiße Zettel, somit denkt er sich: »Mein Zettel kann entweder weiß oder schwarz sein. *Wenn* mein Zettel schwarz wäre, würde Proband B einen weißen und einen schwarzen Zettel sehen.« Da Proband C, der in diesem Fall zwei schwarze Zettel sehen müsste, aber noch nichts gesagt hat, kann B sicher sein, dass er weiß hat. Aber auch B sagt nichts und somit ist für A klar, dass sein Zettel weiß sein muss.

210.

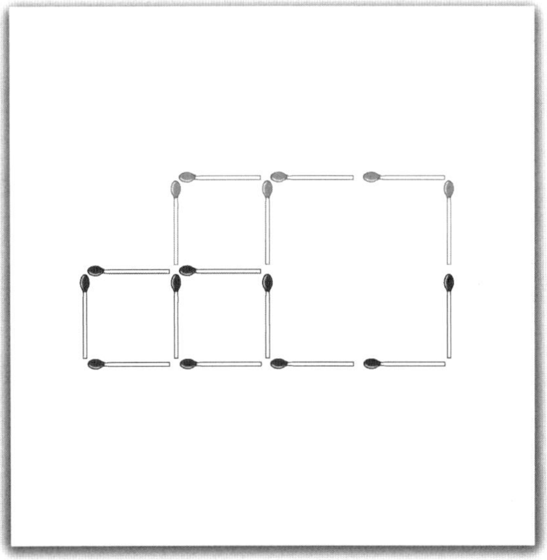

211.

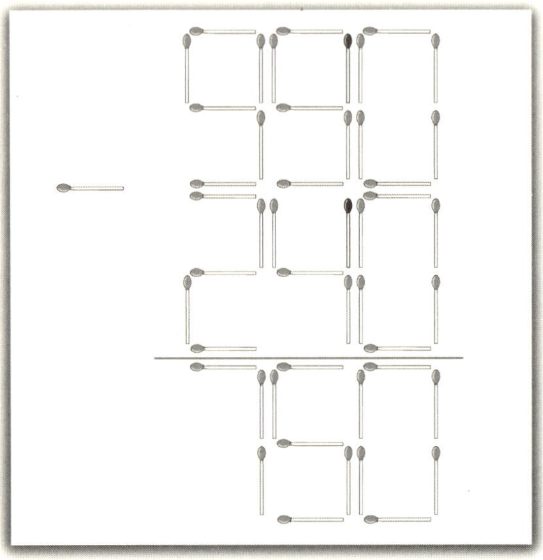

212. Man beginnt beim ersten Pfeil oben links und folgt stets der Pfeilrichtung. Der fehlende Pfeil muss demnach nach links zeigen, um an den Anfang zurückzugelangen.

213. Teilen Sie den Code in jeweils fünf Buchstaben, reihen Sie die Teile untereinander und lesen Sie die Spalten von oben nach unten:

G L D T Ö
R I U D S
A E H I U
T R A E N
U E S L G

»GRATULIERE DU HAST DIE LÖSUNG«.

214. Die minimale Gästeanzahl ist eins. Pauls Vater hat die Tochter seines Bruders, der der Onkel von Paul ist, geheiratet. Pauls Bruder ist mit ihrer beider Schwester und Paul selbst ist mit seiner Tante verheiratet. Daraus ergibt sich folgende Konstellation:

- der Schwager seines Vaters = er selbst,
- der Schwiegervater seines Bruders = sein Vater,
- der Bruder seines Schwiegervaters = sein Vater,
- der Vater seines Schwagers = sein Vater.

Der einzige Gast wäre demnach sein Vater.

215. Das gesuchte Wort ist »schlagen«.

216. Es gibt mehrere Möglichkeiten, zum Beispiel »23243114«, »11423243« und »11342324« und jeweils auch »rückwärts«.

217. Lösung: Es gibt keinen konkreten Lösungsweg, die Lösung muss durch Probieren ermittelt werden.

167161
\+ 664711
\+ 162166
\+ 164611

= 1158649

218. Nach neun Jahren. Im letzten Jahr verdoppelte sich seine Höhe zum letzten Mal.

219. Probieren geht über studieren.
Andere Mütter haben auch schöne Töchter.
In der Liebe und im Krieg ist alles erlaubt.

220. *Black Swan* von Darren Aronofsky aus dem Jahr 2010. Natalie Portman spielt darin eine Balletttänzerin, die die Rolle des weißen und des schwarzen Schwans in Tschaikowskis »Schwanensee« übernehmen soll.

221.

222. Die Sonne bewegt sich im Jahr 365,25-mal scheinbar »um« die Erde; die Sterne 366,25-mal und der Mond ungefähr 352-mal. Die Sterne bewegen sich also am schnellsten und der Mond am langsamsten. Warum drehen sich die Sterne (scheinbar) 366,25-mal um die Erde? Zu den 365,25 Umdrehungen der Erde kommt eine Umdrehung der Erde um die Sonne hinzu, während die Sterne »fix« bleiben. Das sind dann eben insgesamt 366,25 Umdrehungen. Der Mond hingegen dreht sich im Jahr circa 13-mal um die Erde, und zwar dreht er sich mit der Erde mit. Von der Erdoberfläche aus betrachtet, macht der Mond also 13 Umdrehungen weniger als die Sonne, also 365-13 = 352 Umdrehungen.

223. Bei einem Heimweg von 10 Kilometern braucht der Mann bei einer Geschwindigkeit von 5 Kilometer pro Stunde 2 Stunden. Der

Hund läuft bei der dreifachen Geschwindigkeit (15 Kilometer pro Stunde) die dreifache Strecke, also 30 Kilometer.

224. Es gibt 40.320 Möglichkeiten. Für das erste Rentier stehen acht unterschiedliche Plätze zur Verfügung; nachdem dieser vergeben ist, hat das zweite Rentiere noch sieben Plätze zur Auswahl, das nächste sechs usw. Für das letzte Rentier ist dann nur noch ein möglicher Platz vorhanden, da alle anderen besetzt sind. Die Gesamtzahl erhält man durch Multiplikation: $8 \times 7 \times 6 \times 5 \times 4 \times 3 \times 2 \times 1$ oder, in der mathematischen Schreibweise: $8!$.

225. Gesucht wurde das Wort »besessen«.

226. Zwei Arbeiter streichen in zwei Stunden zwei Wände und in sechs Stunden sechs Wände. Wären sie dreimal so viele Arbeiter, also sechs Arbeiter, würden sie in derselben Zeit 18 Wände streichen.

227. Die Aussage stimmt, wenn Lotte am 31.12. 100 Jahre alt geworden ist und diese Aussage am darauffolgenden 01.01. macht.

228. Den Schülern wurden drei Fragen mit jeweils drei verschiedenen Antwortmöglichkeiten (Shakespeare, Goethe, Schiller). Es gibt also insgesamt 27 Antwortmöglichkeiten. Die einzige Möglichkeit, bei der jeder der Schüler mindestens eine richtige Antwort hat, ist Shakespeare-Schiller-Shakespeare.

229. Die Lösung mit den kleinsten Zahlen: iPod = 1, Buch = 2, Bus = 3.

230. Frank hat lediglich seine fünf besten Freunde eingeladen.

231. 17,125 Tage später, also Mittwoch oder Donnerstag, je nachdem, zu welcher Uhrzeit am Sonntag auf die Uhr geschaut wurde.
$(24 \times 60 - 3) \div 7$ = keine gerade Zahl
$(24 \times 60 \times 2 - 3) \div 7 = 411 \div 24 = 17{,}125$

232. Die Hand wurde gesucht.

233. Insgesamt sind 10 Glühbirnen eingeschaltet (1, 4, 9, 16, 25, 36, 49, 64, 81 & 100). Die 64. ist also eingeschaltet.
Eine Glühbirne ist an, wenn die Anzahl der Betätigungen des Schalters UNGERADE ist. Somit muss jede Glühbirne mit einer Zahl, die eine ungerade Anzahl an ganzzahligen Teilern besitzt, an sein. Beispielsweise besitzt die 9 die Teiler 1, 3 und 9, die 16 besitzt die Teiler 1, 2, 4, 8 und 16 und die 64 die Teiler 1, 2, 4, 8, 16, 32, und 64. Dies trifft nur auf Quadratzahlen zu. Somit leuchten alle Glühbirnen, die sich auf der Position einer Quadratzahl befinden.

234. Das Bild links oben ist die einzige linke Hand.

235. Das Feld kann in einen äußeren, einen inneren Ring und dem leeren Feld in der Mitte eingeteilt werden. Die Pfeile in den Ecken des inneren Ringes zeigen entgegen der Pfeile in den Ecken des äußeren Ringes und die Pfeile inmitten der Eckpfeile des inneren Ringes zeigen entgegen der mittig liegenden Pfeile des äußeren Ringes. Der gesuchte Pfeil muss demnach nach oben zeigen.

236. Der Fasan ist nicht in Gewässern zu finden.

237. Der Ehemann ist 42.
Mann M, Frau F:
F heute = 49, also F damals = 49-21 = 28
Wäre F jünger, wäre M damals = 28×4÷3, was nicht ganzzahlig ist.
Daher ist F älter, also M damals = 28×3÷4 = 21, daher M heute = 21+21 = 42
Die Altersdifferenz ist immer gleich groß, nämlich 7 Jahre, das ist ein Viertel von 28 (Alter des Älteren bei Heirat).

238. Eine Stadtbibliothek.

239. Der Spieler stand zu Beginn an Position 32.
In der ersten Runde bleiben übrig: 2, 4, 6, 8, 10, 12, 14, 16, 18, 20, 22, 24, 26, 28, 30, 32, 34, 36, 38, 40; in der zweiten Runde bleiben übrig: 4, 8, 12, 16, 20, 24, 28, 32, 36, 40; in der dritten

Runde bleiben übrig: 8, 16, 24, 32, 40; in der vierten Runde bleiben übrig: 16, 32; in der letzten Runde bleibt übrig: 32.

240. Der gesuchte Begriff ist der Sarg.

241. Die gesuchte Erfindung ist das Fenster.

242. Der fehlende Buchstabe ist Z – das Wort lautet »Flugzeug«.

243. Pablo mag Pleonasmen: rhetorische Konstrukte, die eine bestimmte Bedeutung auf mehrfache Weise zum Ausdruck bringen, ohne zusätzliche Information zu liefern: »Zu Fuß gehen« ist ein solches, da ohnehin nur mit den Füßen gegangen werden kann. »Mit dem Fahrrad fahren« ist eine Spezifizierung des Fahrens und somit kein Pleonasmus.

244. *From Dusk Till Dawn* aus dem Jahr 1996 von Robert Rodriguez. Quentin Tarantino schrieb am Drehbuch mit und übernahm eine Hauptrolle.

245. Alle Buchstaben bis auf das »R« können mit geraden Strichen gebildet werden.

246. Man soll das Eisen schmieden, solange es heiß ist.
Liebe vergeht, Hektar besteht.
Aller Anfang ist schwer.
Das schlägt dem Fass den Boden aus.

247. Der Forscher kommt mit zwei Trägern aus. Am ersten Tag verbrauchen der Forscher und die beiden Träger drei Rationen eines Trägers, der dann mit seiner vierten Ration den Rückweg antritt. Am zweiten Tag verbrauchen der Forscher und der verbliebene Träger zwei Rationen des Trägers, der dann mit zwei Rationen für den Rückweg auch zurückgeschickt wird. Die restlichen vier Tage geht der Forscher mit seinen vier Rationen allein weiter und verbraucht täglich eine Ration.

248. Die logische Fortsetzung der Zahlenreihe ist 4 2 4 6. Wenn man die Zahlen addiert, erhält man jeweils die nächste Primzahl. Also 2 3 5 7 11 13 17 19 23 29 31 37 41 43 47 ...

249. Der Schwiegervater des Mannes der Schwester meines Vaters ist der Vater der Schwester meines Vaters und somit auch der Vater meines Vaters. Der Sohn von Franz ist also mein Großvater und Franz ist mein Urgroßvater.

250. Das Modell würde 8 Gramm wiegen, da es in allen Dimensionen (Höhe, Breite, Tiefe) 1000 Mal kleiner und somit 1000×1000×1000 Mal leichter ist.

251. Die zweite Vorgabe impliziert eine ungerade Anzahl an Strichen. Die dritte und vierte Vorgabe impliziert, dass die Strichcodes entweder aus sieben, neun, elf oder dreizehn Strichen bestehen müssen. Bei sieben Strichen muss die Breite jedes Striches zwei Längeneinheiten betragen. Bei neun Strichen müssen fünf davon die Breite von zwei Längeneinheiten haben. Dabei gibt es neun über fünf (126) Möglichkeiten, fünf breite und vier dünne Striche auf verschiedenen Positionen zu platzieren. Daraus ergibt sich: 7 über 7+9 über 5+11 über 3+13 über 1 = 1+126+165+13 = 305; es gibt also 305 verschiedene Möglichkeiten, einen Strichcode nach den vier Vorgaben zu erstellen.

252. Der Ehrgeiz bezieht sich allein auf die eigene Person.

253. Das funktioniert so: 6÷(1-(5÷7))=21.

254. Die Lösung ist rein mathematisch: $7+72^2+73^3+74^4+75^5 = 19607$.

255. Im Hintergrund ist die Zahl »Pi« abgebildet. Davor tummeln sich Ratten. Streicht man nun aus »Pi-Ratten« ein »T« weg, ergibt das »Piraten«.

256. Unterrichten ist keine handwerkliche Betätigung.

257. 6 und 4. Gezählt werden die Buchstaben der einzelnen Wörter der Fragestellung. »Welche« hat sechs Buchstaben, »sind« hat vier.

258. Die Uhr benötigt 33 Sekunden.
Schlag 1 bei 0 Sekunden,
Schlag 2 bei 3 Sekunden,
Schlag 3 bei 6 Sekunden,
Schlag 4 bei 9 Sekunden,
Schlag 5 bei 12 Sekunden,
Schlag 6 bei 15 Sekunden,
...
Schlag 12 bei 33 Sekunden.

259. Nein, das ist nicht möglich. Wenn zum Beispiel anfangs neun von zehn Quadraten der Diagonale (von einem Eck ins andere) befallen sind, kann sich der Schimmel in beide Richtungen ausbreiten; am Ende bleibt jedoch immer ein Streifen unbefallener Quadrate übrig.

260. Einer der blinden Männer entfernte alle Gummibänder der Sockenpaare. Einen Socken der Paare behielt er, den anderen gab er dem anderen blinden Mann. Somit hatte jeder genau 6 weiße und 6 schwarze Socken, genau wie vor dem Zusammenstoß.

261. Das Bett

262. Bei dem gesuchten Begriff handelt es sich um Leben/Nebel.

263. Hierbei handelt es sich um Anagramme: Ampel, Lampe, Palme.

264.

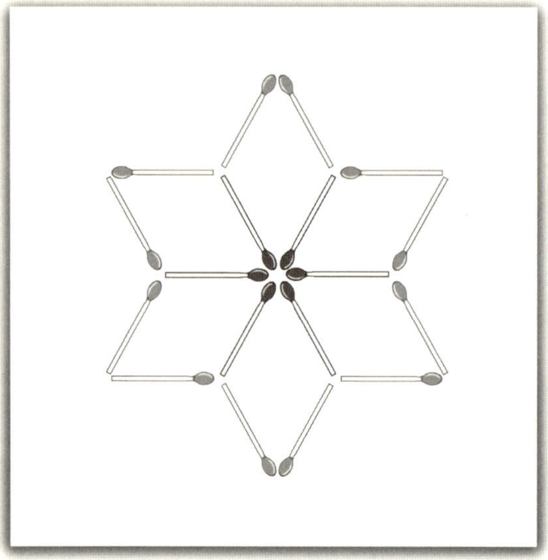

265. *Signs* aus dem Jahr 2002 von Regisseur M. Night Shyamalan. Im Film wird nicht vollständig aufgelöst, wozu die Kornfeldkreise der außerirdischen Invasoren dienen.

266. Jede Zeile drückt die darüberliegende Zeile aus. Daher: 3 Mal 1, 2 Mal 2, 1 Mal 1 (312211); darunter: 1 Mal 3, 1 Mal 1, 2 Mal 2, 2 Mal 1 (13112221).

267. Nehmen wir an, der Junge sagt die Wahrheit, dann ist er blond. Das Mädchen behauptet, es sei schwarzhaarig. Dieses müsste lügen, um die Bedingung zu erfüllen. Es wären also beide blond. Eines ist aber schwarzhaarig. Lügt der Junge und sagt das Mädchen die Wahrheit, wären beide schwarzhaarig. Folglich lügen beide. Resultat: Das Mädchen ist blond.

268.

Stefan	Patrick	Manuel	Thomas	
		x		Sekt
x				Bier
	x			Wein
			x	Cola
			x	Beate
	x			Sigrid
x				Nadja
		x		Julia
		x		16:00
			x	17:00
	x			18:00
x				19:00
			x	Bar
		x		Restaurant
x				Kino
	x			Park

269. Der gesuchte Begriff ist »Falschgeld«.

270. Man multipliziert nicht die Worte, sondern die Zahlen, die sie repräsentieren. Gehen wir also von einem halben Liter aus, sind ein halb volles und ein halb leeres Glas 0,25 Liter. Und 0,25×2 ergibt immer 0,5.

271. Das nächste Jahr muss 2003 sein – es handelt sich um Primzahlen.

272. Die Buchstaben können nur durch folgende Zahlen ersetzt werden, damit die Gleichung stimmt: 47088+56181 = 103269.

273.

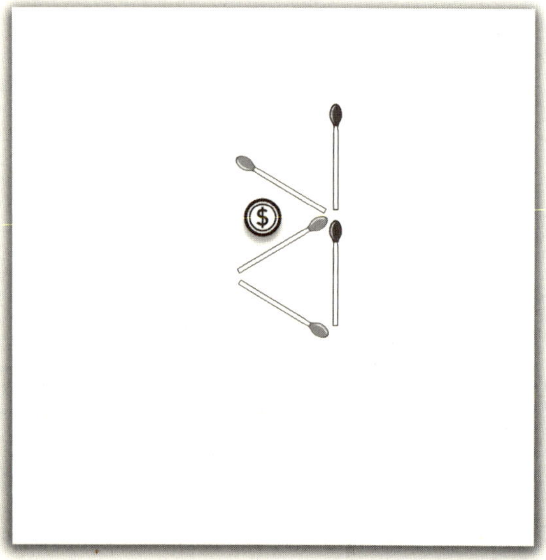

274.

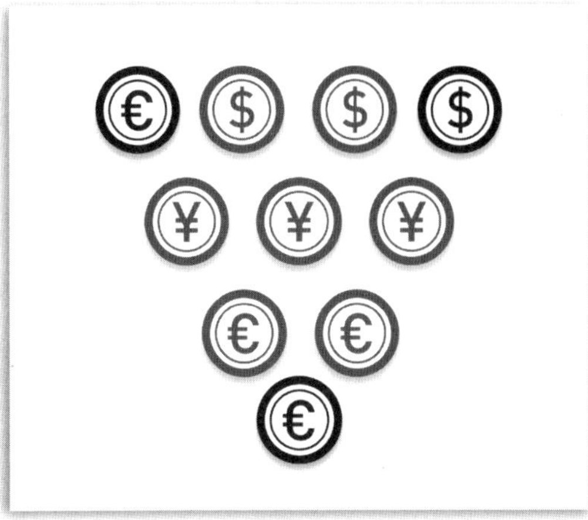

Die grauen Münzen in der Mitter der
Dreiecksformation werden nicht bewegt.
Die Münzen an den Ecken werden im
Uhrzeigersinn zu nächsten Reihe bewegt.

275. Von oben links beginnend, folgt man den Pfeilen im Uhrzeigersinn spiralartig bis zum Zentrum des schachbrettartigen Feldes. Dabei folgt die Pfeilanordnung einer Logik. Die Pfeile zeigen nach unten – rechts – oben – unten – links – rechts. Beim fehlenden Pfeil müsste diese Folge wieder von vorne beginnen. Der fehlende Pfeil muss also nach unten zeigen.

276. Zu Beginn waren 27 Stücke des Geburtstagskuchens vorhanden. Die letzten acht Stücke sind zwei Drittel des Rests, die Matthias vorfand (12 Stücke). Diese 12 Stücke sind zwei Drittel des Rests, den Johannes vorfand (18 Stücke). Diese 18 Stücke wiederum sind zwei Drittel der Stücke, die zu Beginn in der Schachtel waren (27 Stück).

277. Das Auto muss weitere 110 Kilometer fahren – der Kilometerstand liegt dann bei 73037.

278. Damit die obere Person mit ihren Händen die maximale Höhe erreicht, muss die kleinere Person (Karin) nach unten. Denn Lena hat als die größere Person auch die längeren Arme. Unten würden ihre langen Arme nichts nützen.

279. Vorausgesetzt, das Kind wird auf natürliche Weise gezeugt, befindet sich der Vater ganz in der Nähe der Mutter.

280. Wenn man alle Nenner und alle Zähler in einer einzigen Bruchrechnung multipliziert und hierauf alle gleichen Nenner und Zähler rausstreicht, erhält man : $^1/_{10}$ x 1000 = 100.

281. Eine Tochter

282. Lösung: Die Männer haben insgesamt 3121 Kokosnüsse gesammelt.
Immer wenn sich ein Seefahrer seinen Anteil nimmt, holt er sich 20 Prozent der Kokosnüsse und nimmt noch eine weg, die er dem Affen zuwirft.
Nachdem sich der erste Mann bedient hat, sind es noch 2496 Kokosnüsse (er hat sich 624 genommen),

- nach dem zweiten Seefahrer sind es noch 1996 (er hat sich 499 genommen),
- nach dem dritten Mann sind es noch 1596 (er hat sich 399 genommen),
- nach dem vierten sind es noch 1276 (er hat sich 319 genommen),
- und nach dem letzten Mann sind es noch 1020 (er hat sich 255 genommen).

Als die Männer am Morgen aufwachen, sind also noch 1020 Kokosnüsse da.
Davon erhält dann jeder noch mal 20 Prozent (204) zusätzlich zu den Kokosnüssen, die er sich in der Nacht jeweils bereits genommen hatte. Danach sind die Kokosnüsse folgendermaßen verteilt:
Der erste Seefahrer hat 828 Kokosnüsse,
der zweite hat 703 Kokosnüsse,
der dritte hat 603 Kokosnüsse,
der vierte hat 523 Kokosnüsse,
und der fünfte Mann hat 459 Kokosnüsse.

Der Seefahrer, der als Erstes aufgewacht ist, hat also insgesamt 828 Kokosnüsse, und der arme Seefahrer, der als Letzter aufgewacht ist, hat nur 459.

283.

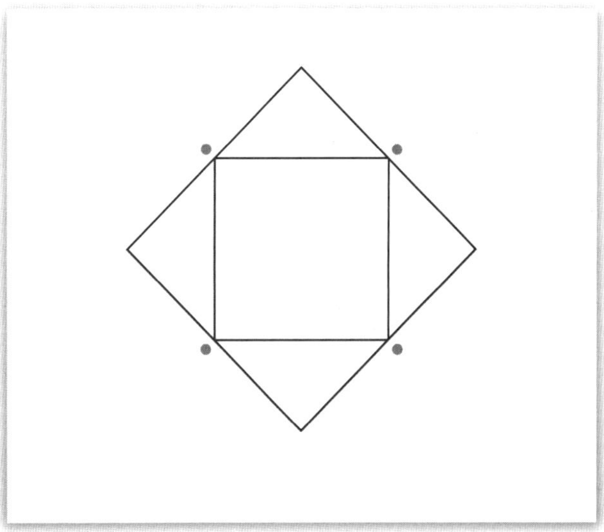

284.

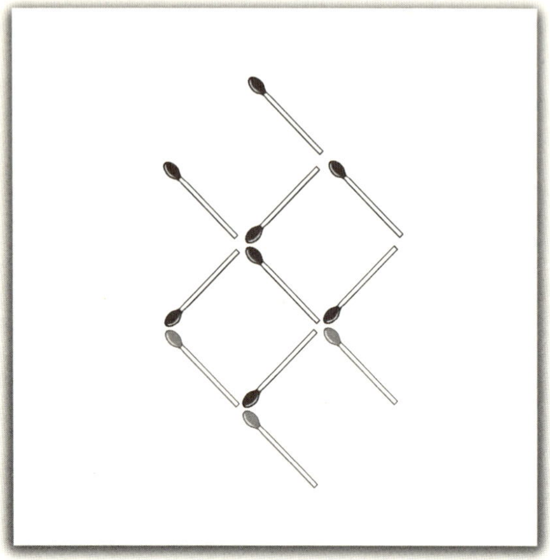

285.

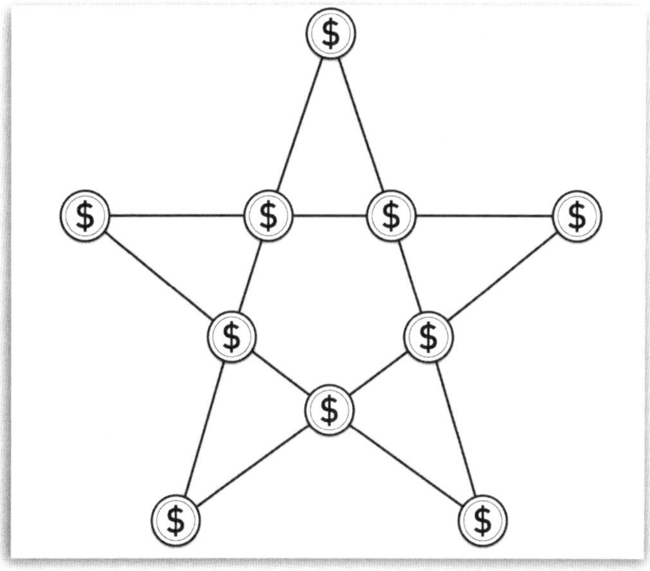

286. Auf einen Weisen kommen tausend Narren.
Alte Liebe rostet nicht.
Kleine Kinder, kleine Sorgen, große Kinder, große Sorgen.

287. Folgende Zahlen kommen für AB, BC, CD, DE, EF, FG, GH, HI infrage, weil sie im kleinen Einmaleins enthalten sind und keine Null enthalten: X = {12, 14, 15, 16, 18, 21, 24, 25, 27, 28, 32, 35, 36, 42, 45, 48, 49, 54, 56, 63, 64, 72, 81}
1. Keine der Zahlen fängt mit 9 an, also ABCDEFGH9.
2. Die 49 endet als einzige Zahl mit 9. Daher: ABCDEFG49.
3. Die 7 kommt nur in 27 und 72 vor. Sie kann also nicht in der Mitte stehen, da vor ihr oder nach ihr immer die 2 steht. Daraus folgt: 72CDEFG49.
4. Nur eine Zahl beginnt mit einer 8 (81) und drei Zahlen enden mit einer 8 (18, 28 und 48).
18 fällt raus, da die 1 bereits in 81 vorkommt. 48 fällt raus, da hinter der 4 schon die 9 steht. Es bleibt also nur 28 übrig. Es folgt: 7281EFG49.
5. Nur eine Zahl endet mit einer 3 (63). Drei Zahlen beginnen mit einer 3 (32, 35 und 36). 32 und 36 fallen raus, da 2 bzw. 6 nur einmal vorkommen dürfen. Also bleibt nur noch eine Kombination für EFG übrig (E = 6; F = 3; G = 5). Die Lösung ist somit: 728163549.

288. Lösung: eine Maß Bier (also einen Liter).
Die Biermenge nähert sich der 1 (in Litern), wird diese jedoch nie erreichen (0,999999...)
Allerdings entspricht 0,9999... mathematisch gesehen, der 1.

289. Die römischen Zahlen IV, IX, XL ... erhöhen ihren Wert, wenn man die erste Ziffer wegnimmt.

290. Der Raucher kann 13 Zigaretten mit diesem Verfahren rauchen. Aus neun Zigarettenstummeln fertigt er drei weitere und aus diesen Stummeln die dreizehnte Zigarette.

291. Man zündet Schnur 1 auf beiden Seiten an und Schnur 2 nur an einer. Sobald Schnur 1 nach 40 Minuten zu Ende gebrannt ist, zündet man bei Schnur 2 das zweite Ende auch an. Nun halbieren sich die restlichen 40 Minuten und man misst genau 60 Minuten (1 Stunde).

292. Man muss das Fass schräg halten, damit die Wasserlinie der Füllung genau von der unteren Kante (Boden/Wand) bis zum oberen Rand reicht. Wenn die Flüssigkeit überläuft, war es mehr als halb voll.

293. Gesucht wurde die Windmühle.

294. Die Aufgabe löst man durch das Formen von Gleichungen: S = Schuh, R = Radio; B = Bus; K = Kamera;

$S = R+B$

$B = R+K$

$3K = 2S$

Aus den ersten beiden folgt

$S = R+R+K$

Aus drittens folgt

$1{,}5K = R+R+K$

$0{,}5\ K = 2R$

Nun noch einsetzen:

$R+K = B$

$R+4R = B$

$5R = B$

Fünf Radios wiegen also so viel wie ein Bus.

295.

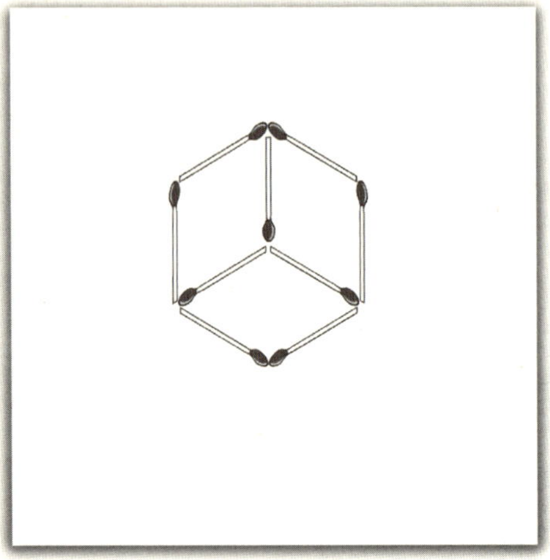

296. Die drei Gäste haben nicht 15 Euro, sondern 10 Euro plus 2 Euro Trinkgeld bezahlt. Rechnet man zu diesen 12 Euro die drei einzelnen Euromünzen hinzu, so erhält man genau die 15 Euro.

297. Die Sammlung muss mindestens 2521 Stück groß sein.
Das kleinste gemeinsame Vielfache von 2,3,4,5,6,7,8,9 und 10 ist 2520. Eins bleibt übrig, also 2521.

298. Den ersten Schalter anschalten und 10 Minuten warten. 2. Den ersten Schalter ausschalten. 3. Den zweiten Schalter anschalten. 4. Hochgehen. 5. Die Glühbirne, die brennt, gehört zu Schalter zwei. 6. Die Glühbirne, die sich heiß anfühlt, gehört zu Schalter eins. 7. Die kalte Glühbirne, die nicht brennt, gehört zu Schalter drei.

299. Stefan und Peter müssen das Gewicht und eine Schale in eine Waagschale legen und mit einer weiteren Schale und Zucker ein Gleichgewicht herstellen. Danach müssen sie das 1-Kilogramm-Gewicht entfernen und die Schale mit Zucker füllen, sodass die Waage wieder im Gleichgewicht ist. Die Schale enthält jetzt genau 1 Kilogramm Zucker. Nun muss die Schale durch eine leere ersetzt werden und nochmals mit Zucker bis zum Gleichgewicht gefüllt werden. So erhält man genau 2 Kilogramm Zucker.

300. Gesucht wurde der Atem.

301. Das Loch wird 3 Meter tief sein. Zum Zeitpunkt der Begegnung war das Loch 1,5 Meter tief und der Kopf ragte 50 Zentimeter über den Boden hinaus. Bei Beendigung der Grabung wird der Kopf einen Meter unter der Erdoberfläche sein.

302.

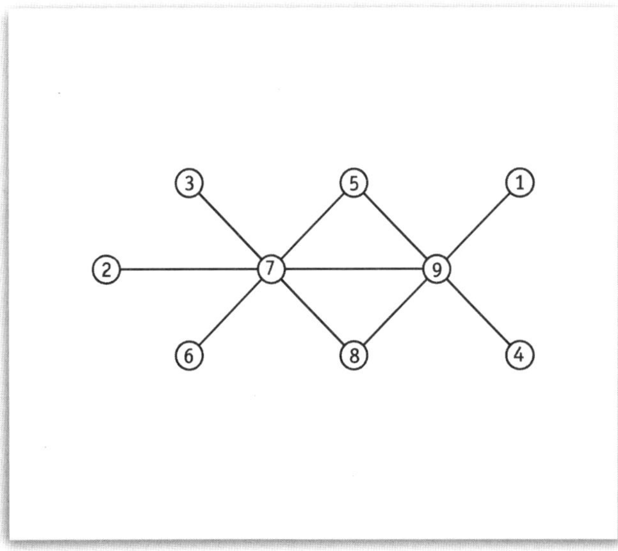

303. Der Buchstabe »R« inmitten des Wortes Klemme: »Er steckt in der Klemme«.

304. Die Zahlenreihe ist alphabetisch angeordnet (nach dem ausgeschriebenen Namen der Zahlen).

305. Das Rad hat 64 Speichen und auch 64 Lücken.

306. Die Rollen bewegen sich relativ zum Untergrund genau einen Umfang weiter. Gleichzeitig bewegt sich die Last relativ zu den Rollen. Insgesamt bewegt sich die Last gegenüber dem Boden um den doppelten Umfang der Rolle, in diesem Fall also um 100 Zentimeter.

307. Ja, indem man das Viereck faltet und den Falz abschneidet – dadurch bekommt man den geknickten Falz und zwei aufeinanderliegende Rechtecke, insgesamt also drei Teile. Wenn man nun das Ganze noch einmal quer durchschneidet, erhält man sechs Teile.

308. Es ist die 2: 2 Ziffern:12, 4 Ziffern: 2424, 6 Ziffern: 262626.

309. Im Binärsystem hat die Zahl 1000 genau 10 Stellen. Dann ordnet man jedem Gefangenen eine Stelle zu. Dann kriegt jeder Gefangene einen Schluck aus den Flaschen, deren Zahl im Binärsystem an der Stelle des Gefangenen eine 1 aufweist. Am Ende des Monats setzt man an die Stellen der toten Gefangenen eine 1 und erhält so die binäre Nummer der Flasche.

310. Die Lösung lautet: »Rätsel des Tages powered by Pulpmedia«. Werfen Sie einen Blick auf eine handelsübliche Computertastatur und nehmen Sie jeweils die Taste diagonal links unter dem angegebenen Zeichen.

311. Das Wort »versprechen« kann zwei Bedeutungen haben.

312. Nach dem Umdrehen des Glaszylinders und somit auch der Sanduhr verlagert sich ihr Schwerpunkt nach oben. Die Sanduhr kippt und verkantet sich im Glaszylinder. Erst durch Ablaufen des Sandes verlagert sich der Schwerpunkt wieder nach unten und die Sanduhr steigt auf.

313. *Interview mit einem Vampir* aus dem Jahr 1994 von Neil Jordan. Der Film bietet Einblick in das einige Jahrhunderte dauernde Leben des Vampirs Louis.

314. Die Aufgabe löst man durch das Formen von zwei Gleichungen:
R = Radio; K = Kamera; S = Schuh
Erste Waage: R+2K = 3S
Zweite Waage: R+S = 6K
Damit ergibt R = 3S–2K = 6K–S und so gelangt man zu
S = 2K bzw. R = 4K
Auf der linken Waagschale der dritten Waage lautet die Gleichung nun
S+2K = 2K+2K = 4K = R.
Ein Radio bringt die dritte Waage also ins Gleichgewicht.

315. Es muss kein einziges Streichholz umgelegt werden. Die Gleichung muss lediglich auf den Kopf gestellt werden. Dann ergibt die Gleichung: 10 = 1 +9.

316. Huhn und Hahn.

317. $1^1+2^1+3^1 = 1+2+3 = \mathbf{6}$, $1^2+2^2+3^2 = 1+4+9 = \mathbf{14}$, usw. Lösung:
$1^6+2^6+3^6 = 1+64+729 = \mathbf{794}$.

318. Ein Drittel von 10 ist 4.
$^5/_2 = 3$ und $^{10}/_3 = x$
$(^{10}/_3)\div(^5/_2) = {}^{20}/_{15} = {}^4/_3$
So $^x/_3 = {}^4/_3$
$x = 4$

319. Das Wort »ekelhaft« ist nicht beschreibend, sondern wertend.

320.

	Helene	Paul	Matthias	Ulf	Franzi
VKB		x			
Raiffeisen	x				
Sparkasse					x
Hypo				x	
Oberbank			x		
Montag				x	
Dienstag	x				
Mittwoch			x		
Donnerstag					x
Freitag		x			
Plüschtier	x				
Rollmeter					x
Tasse			x		
Spardose		x			
Malstifte				x	
10 Euro		x			
20 Euro	x				
30 Euro				x	
40 Euro					x
50 Euro			x		

321. Gesucht wurde der Anker.

322. Beide sind gleich weit von B entfernt – wenn sie sich treffen, sind sie am selben Ort.

323. Das Kind müsste 72 Stufen der still stehenden Rolltreppe steigen. Das Kind bewältigt pro Zeiteinheit x immer eine Stufe. Entgegen der Fahrtrichtung geht es (x×90) Stufen zusätzlich. In der anderen Richtung geht das Kind (x×60) Stufen weniger. Daraus resultiert:
Stufen = 90-(90x)
Stufen = 60+(60x)
Durch Gleichsetzen der beiden Formeln ergibt das $^{1}/_{5}$ (=x) Zeiteinheiten pro Stufe.

324. Ein kleiner Würfel misst 1 cm^3. Der gesamte Quader misst 5×10×12 = 600cm^3. Ohne die Würfel am äußeren Rand würden die Maße 3×8×10 = 240cm^3 betragen. Diese äußeren Würfel ergeben somit 600-240 = 360c m^3. 360 kleine Würfel wären also mindestens auf einer Seite blau lackiert.

325. Wenn drei richtig zugeordnet sind, dann ist es der vierte automatisch auch. Also ist die Wahrscheinlichkeit gleich null.

326. Jeder Wanderer bekommt $^{8}/_{3}$ Käse, d.h., der Erste gibt $^{7}/_{3}$ ab, der Zweite $^{1}/_{3}$. Gerecht wäre also, wenn der Erste 7 Euro bekommt und der Zweite 1 Euro.

327. Die Reihe steht für die Anfangsbuchstaben von »Eins, Zwei, Drei, Vier, ...« und setzt sich daher mit N (Neun) fort.

328. Gesucht wurde die Gabel (Weggabel, Stimmgabel, Essbesteck).

329. *Million Dollar Baby* von Regisseur Clint Eastwood aus dem Jahr 2004. Clint Eastwood wurde am 31. Mai 1930 in San Francisco geboren.

330. Steter Tropfen höhlt den Stein.
Was der Bauer nicht kennt, isst er nicht.
Wenn der Kuchen spricht, schweigen die Krümel.

331. Gesucht wurden die Lippen.

332. Die beiden Großeltern haben einen verheirateten Sohn, welcher mit seiner Frau, seinen zwei Töchtern und einem Sohn anwesend ist. Es werden also mindestens sieben Teller benötigt.

333. Aprikosenmarmelade

334. Der Schwamm

335. Der gesuchte Begriff ist »Morgen«.

336. Der aktuelle Kurs von 2,40 Euro sind 80 % der verdoppelten Aktie. Das heißt, 0,03 Euro sind 1 % der Aktie und 3,00 Euro sind 100 % der Aktie. Vor der Verdoppelung war die Aktie nur die Hälfte wert, also 1,50 Euro.

337. So sieht die Lösung aus: 123-45-67+89 = 100

338. Es handelt sich um die Anfangsbuchstaben der Planeten unseres Sonnensystems, also folgt S (Saturn).

339. Der Buchstabe P fehlt – das gesuchte Wort ist »Palme«.

340.

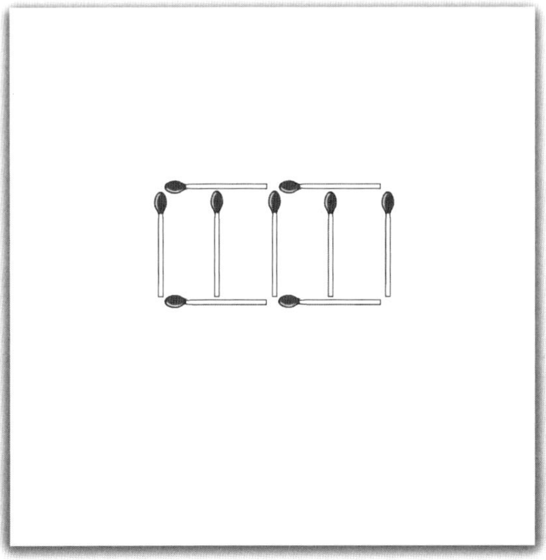

341. Der Bauer kann maximal 533 Karotten zur Hafenstadt transportieren.
Der Esel befördert 1000 Karotten 200 Kilometer, lädt 600 Karotten ab und kehrt wieder um.
Der Esel befördert weitere 1000 Karotten 200 Kilometer, lädt 600 Karotten ab und kehrt wieder um.
Der Esel befördert die verbleibenden 1000 Karotten 200 Kilometer.

Nun sind 2000 Karotten 200 Kilometer befördert worden und 800 Kilometer von der Hafenstadt entfernt.

Der Esel befördert 1000 Karotten weitere 333 Kilometer, hinterlässt 334 und tritt mit 333 Karotten den Rückweg an.

Der Esel befördert 1000 Karotten 333 Kilometer.
Nun sind 1001 Karotten 533 Kilometer befördert worden und 467 Kilometer von der Hafenstadt entfernt.
Der Esel befördert 1000 Karotten 467 Kilometer und erreicht die Hafenstadt mit 533 Karotten.

342. W – lesen Sie die Anfangsbuchstaben der Frage in umgekehrter Reihenfolge: F(ortsetzen) W(ohl) B(uchstabenreihe) F(olgende) D(ie) S(ich) K(önnte) W(ohl).

343. Peter-Julia, Paul-Anna, Klaus-Maria. Da eine Ehefrau namentlich erwähnt wird (Maria), weiß man, dass Peters Frau nur Julia oder Anna heißen kann. Peters Frau kann nicht Anna heißen, da sie mit Annas Mann im Team spielt. Ihr Name ist somit Julia. Nun weiß man den Namen des Ehemanns (Julias Mann ist Peter) im anderen Team sowie den Namen des dritten männlichen Mitspielers. Klaus und Maria bleiben letztendlich als drittes Ehepaar übrig.

344. Gesucht wurde die Nase.

345. Gesucht wurde eine Zahl zwischen 150 und 200 (also von 151 bis 199), die aus dem Produkt zweier gleicher Primzahlen gebildet werden kann. Dies trifft nur auf die Zahl 13 zu: 13×13 = 169.

346. Der gesuchte Begriff lautet: die Taucherglocke.

347. Um 16:21:21 stehen alle drei Zeiger einer Uhr genau übereinander.

348. Ü – man nehme jeweils den mittleren Buchstaben aus jedem Wort der Frage: WelCher BuchStabe feHlt dEr angefÜhrten logiSchen ReIhe?

349. Drei Mal Käse von unten beginnend, hoch geschrieben: »Dreikäsehoch«.

350. Gesucht wurde das Wort »nicht«.

351. Das gesuchte Wort ist »vielleicht«.

352. Das Wort »ARM« ist wie die Wörter der zweiten Gruppe ein Homonym, hat also mehr als eine Bedeutung. »MODERN« kann als Adjektiv im Sinne von neuartig oder als Verb im Sinne von »vermodern« verwendet werden. »TOR« gibt es an der Garage und im Fußball, »GEFAHREN« ist entweder die Vergangenheitsform von »fahren« oder die Mehrzahl von »Gefahr« und »SIEBEN« ist ein Zahlwort oder ein Verb (»den Sand sieben«). »ARM« ist ein Körperteil oder ein Adjektiv mit der Bedeutung »bedürftig«.

353. Die Buchstaben kann man aufschreiben, ohne mit dem Stift abzusetzen.

354. Der Hund hat gegenüber der Maus 213.75 Meter Vorsprung!
Der Hund legt 1000 Meter, die Katze 925 Meter zurück. Da die Katze auf 1000 Meter gegenüber der Maus 150 Meter Vorsprung hatte, so hat (Dreisatz!) sie auf 925 Meter gegen die Maus 0,15×925 Meter = 138,75 Meter Vorsprung.
Der Hund hat also 75 Meter+138,75 Meter = 213,75 Meter Vorsprung gegenüber der Maus.

355. 22 Uhr und 10 Stunden sind 8 Uhr morgens.

356. Man muss im Englischen bis »one thousand« zählen, bis ein »a« im Wort vorkommt.

357. Ich bin Reineke Fuchs.

358. Durch die gegebenen Aussagen ist klar, dass mich mindestens eine Freundin am Vormittag und mindestens eine Freundin am Abend besucht haben muss. Aus C) geht hervor, dass Karin mich nicht zuerst besucht hat, sondern erst um acht Uhr am Abend. Aus B) geht somit hervor, dass Natalie mich nicht um neun Uhr am Abend, sondern am Vormittag besucht hat. Josephine oder

Tanja oder beide müssen mich also am Vormittag besucht haben. Aus A) geht hervor, dass nur Tanja mich am Vormittag besucht haben kann, womit Josephines Besuch um zehn Uhr abends stattfand.

359. Nach 94,27 Sekunden sind alle Dominosteine gefallen! Die Anzahl der Reihen ergibt sich durch 1+2+3+...+n = 4 000 000. Die Summe von 1 bis n lässt sich als $(n^2+n) \div 2$ darstellen. Insgesamt müssen 2828 Reihen umfallen. Bei 30 Reihen pro Sekunde ergibt das gerundet 94,26 Sekunden (2828÷30).

360. Die Flucht ist kein Gegenstand.

361. Zwei Magere aßen Fett.

362. Elvis ist der NAME von Denis' Vater.

363. Die Lösung lautet SEHRGUT. Schreibe die Ziffern in 7er-Gruppen untereinander:
1001011
0010000
0100111
1001100
1100110
Danach werden die Zahlen spaltenweise binär interpretiert – jede Zahl beschreibt die Stelle im deutschen Alphabet, zum Beispiel 10011 = 19. Stelle = S.

364. Eifersucht ist eine Leidenschaft, die mit Eifer sucht, was Leidenschaft.
Besser den Spatz in der Hand als die Taube auf dem Dach.

365. Folgende Pfeilfolge ist gegeben: oben – unten – links – rechts. Die Folge gilt jedoch nur für die weißen Pfeile und wird zeilenweise gelesen. Beim fehlenden Pfeil wurde diese Folge ein Feld zuvor zum dritten Mal wiederholt. Der Pfeil muss also nach unten zeigen.